中公新書

政治・法律

h2

政治・法律

中公新書 2643

小関 隆著

イギリス1960年代

ビートルズからサッチャーへ

中央公論新社刊

まえがき

ビートルズのジョン・レノンはこう反論した。人を殺したことによってではなく、人を楽しませたことによって勲章をもらうのを誇りに思う、と。

誰への反論かといえば、1965年にビートルズがエリザベス2世からMBE勲章（イギリス帝国五等勲章、ランクは一番下）を受ける際にそれに抗議した人々、特に胡散《うさん》臭い芸人などと一緒にされるのは屈辱だとして勲章を返納した元軍人たちに対してである。とても有名なエピソードだが、つくづく見事な切り返しだと感心する。

私は1960年生まれ、65年のイギリスの出来事を記憶しているはずもなく、小遣いでレコードを買うようになった中学生の頃には、もうビートルズは解散していた。それでも、再結成の噂はよく流れたし、音楽に興味をもつクラスで数名くらいの間で、ビートルズの人気はやはり絶大であった。冒頭のジョンの発言を知り、実に痛快に思ったことを覚えている。

とはいえ、いままさに「ジョン」と表記してしまったが、ビートルズのメンバーなんだから知っていて当然と決めつけ、ジョンだのポールだの、あたかもポールといったらマッカートニー以外ありえないといわんがばかりの態度で書いていったら、本書は若い読者を遠ざけてしまいかねない。

なにしろ、私の授業を聴く学生たちを仮に2000年生まれとした場合、学生たちとビートルズ「イエスタデイ」（1965年発表）との距離は、60年生まれの私とラヴェルのピアノ協奏曲（1932年初演）とのそれよりも長い。彼らにとって、1979年にイギリスの首相になったマーガレット・サッチャーは、私にとってのウィンストン・チャーチル（40年に首相就任）よりも遠い政治家なのである。

そう、ここで肝に銘じておこう。ビートルズの四人の判別がつかないような読者をイメージして、本書を書き進めるべきことを。私が生きていた1960年代はいまでは歴史の領域に属している。

副題にあるもう一つの名前＝サッチャーも、若い読者にはなじみが薄いだろう。1979～90年に保守党の長期政権を率いたイギリス史上初の女性の首相である。どう評価するかは別の話だが、彼女が剛腕型の政権運営でイギリス社会を大きく転換させたのは厳然たる事実だ。そして、サッチャー政権が推進した政策路線の大枠は、保守党であれ労働党であれ、後続の政権に総じて引き継がれた。サッチャリズム（序章）は10年で終わるようなものではなく、数世紀にわたってつづく、という彼女の発言は、単なる大言壮語として片づけられない。

ビートルズからサッチャーへ、と二つの名前を並べた副題に違和感を覚える読者は少なく

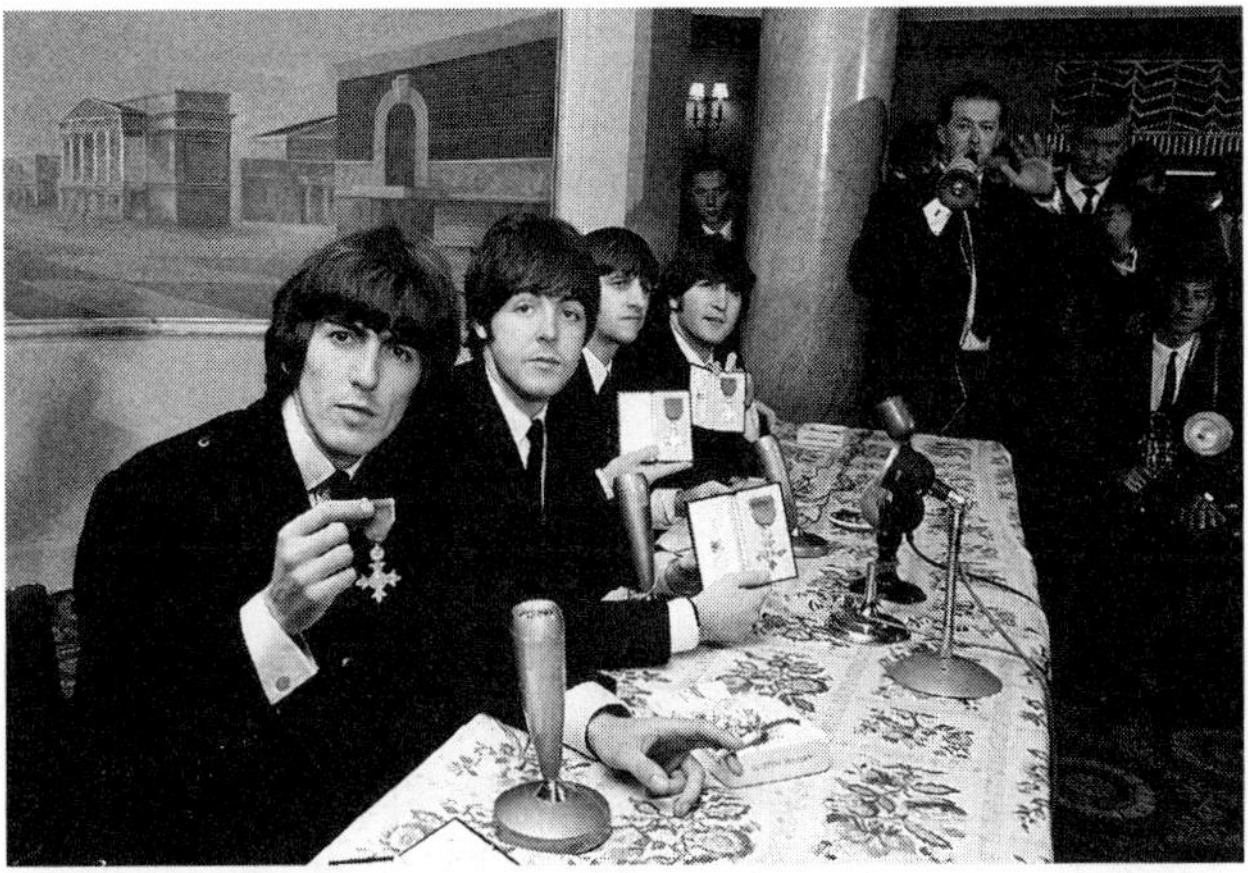

MBE勲章を受章したビートルズ．手前からジョージ・ハリスン，ポール・マッカートニー，リンゴ・スター，ジョン・レノン，1965年10月26日

ないだろう。前者は音楽史を通じて最も成功したロック・バンドであり、1964年にはイギリスの音楽など歯牙《しが》にもかけてこなかったアメリカのヒット・チャートで1〜5位を独占する空前の快挙さえ成し遂げた。後者はロナルド・レーガンのアメリカ大統領就任（1981年）にさきがけ、自由な市場で個人が自己責任で競争することを是とするネオリベラリズムの旗手となった政治家であって、およそロックとは縁遠い。

両者の間に継承関係などあろうはずもない。あくまでも、ビートルズの名前は新しい文化表現が次々と花開き伝統的なモラルや規範の拘束が劇的に弱まった1960年代の、サッチャーの名前はすっかり様変わりした1980年代のシンボルとして持ち出されているにすぎない。

あらかじめ旗幟鮮明《きしせんめい》にしてしまうなら、文化的な百花繚乱《ひゃっかりょうらん》とタブーからの解放の時代としての1960年代に、私は羨望にも似たものを抱いている。軽佻浮薄《けいちょうふはく》なきらいはあるにせよ、こんな時代を経験してみたかったと思わせるだけの魅力は否定すべくもない。対照的に、1980年代＝サッチャー時代は競争を通じた自己利益の追求が鼓吹《こすい》され、不平等が急速に拡大した時代であって、私の評価ははっきりとネガティヴである。

ただし、本書が意図するのは、殺伐《さつばつ》たるサッチャー時代と対比させて、創造の活気に溢《あふ》れた1960年代を懐かしむことでも礼賛することでもない。1960年代のなかにサッチャリズムを呼び出す力を見つけること、一番の狙いはこれである。強引にビートルズとサッチャーを並べてみせたのは、こうした逆説を際立たせるために他ならない。

もう一点、ビートルズの曲をコピーしたり髪型を真似たりする若者が日本でも出現したように、サッチャリズムもイギリス限定の現象ではなく、方向性を同じくする政治潮流が世界各地で覇権を握った。現在の日本にも、サッチャリズムの影は依然として投げかけられている。とすれば、ビートルズの時代にサッチャリズムに向かう流れを見出そうとする本書は、閉塞《へいそく》感の強い現代世界を乗り越えるための有効な手がかりを提示できるかもしれない。

とはいえ、まずはイギリスの1960年代のおもしろさをわかってもらうことが先決だろう。魅力的な時代であるのは間違いないはずだ。

※引用文の邦訳はすべて筆者による。

目次

イギリス1960年代——ビートルズからサッチャーへ

1960s Britain : From the Beatles To Margaret Thatcher

序章　１９６０年代はサッチャーを呼び出したのか？

サッチャー革命

ビートルズはさておいて、最初に少しだけサッチャリズムの話をしておかなければならない。ビートルズがまばゆいばかりの才能を惜しげもなく発揮した１９６０年代とサッチャー政権の下で弱肉強食の競争がよしとされた１９８０年代、二つの時代のコントラストは鮮やかだ。

では、なぜ１９６０年代の先にサッチャー時代が待っていたのだろうか？　前者から後者への移行は、間にはさまれた１９７０年代の危機によって説明されることが多い。

１９５０〜60年代の基調だった経済成長が71年のドル・ショックと73年の石油ショックの直撃ではっきりと頭打ちになり、インフレと失業増加が同時進行する未曽有のスタグフレーションが生じ、労働争議が相次ぎ、電力不足で週三日操業とロウソク生活が強いられ、テロリズムが頭をもたげ、「統治不能」のことばさえ飛びかった70年代は暗澹《あんたん》たる時代だった。公務員のストのためにゴミ収集まで滞った「不満の冬」（１９７８〜79年）が最終的な引金となって、危機を荒療治するサッチャリズムの出番が来た。こうした説明がいまでも通説だろう。

サッチャリズムとは、自由な経済と小さいが強い国家の実現に向けて、サッチャー政権が遂行した政策の総称である。根底には、個人の選択の自由と自己責任がなにより重視されるべきだ、という信念が横たわっている。力点は状況に応じて変化するが、中核にある政策は、①通貨供給量の引き締めによるインフレ抑制、②公共支出の削減（福祉の縮減）、③富裕層の減税、④国営企業の民営化、⑤経済活動にかかわる規制緩和、⑥労働組合への規制強化、⑦警察力や軍事力の強化、などである。

サッチャリズムの政策路線は第二次世界大戦後のイギリスのいわゆるコンセンサス（合意）政治（後述）の大転換を意味し、だからこそ「サッチャー革命」のようなことばも使われる。サッチャリズムに1970年代の危機（コンセンサス政治の行き詰まり）への解毒剤という性格があったことは争われず、通説が示す「1970年代の危機→サッチャリズム」の図式は軽々に否定できるものではない。

そして、通説が陰鬱《いんうつ》な1970年代に対置するのが、楽観主義に充ちたダイナミックな時代としての1960年代である。華やかで楽しげな時代が束の間の夢のように終わり、その後は次々と厄介な事態が表面化して、満を持していた剛腕の政治家が状況を逆転させるべく登場する。なるほど劇的なストーリー展開である。

三つの仮説

とはいえ、近年になって、1970年代を危機一色で把握すべきでないことが明らかにされてきている。たとえば、20世紀で最も貧富の格差が小さくなったのは1970年代半ばだったのであり、「1970年代の危機→サッチャリズム」の図式にも慎重な留保が必要になる。本書では、こうした研究動向を意識しつつ、1970年代より以前、経済成長を背景として若者文化が咲き乱れ、伝統の足かせから社会が解放されていったかに見える1960年代にこそ、サッチャリズムの歴史的な前提が形成されたのではないか、という問いを設定する。

本書が立てる仮説は次の三つである。

①大衆消費を基盤とする1960年代の文化革命 cultural revolution（第1・2章）の経験が、サッチャリズムの描くポピュラー・キャピタリズム（富裕でない者でも財産所有や株式保有の果実に与《あずか》れるような資本主義）の夢に惹かれる個人主義的な国民（第3章）を形成した。

②「許容する社会 permissive society」（第4章）の広がりが、政治の世界でのサッチャーの栄達を可能にする条件を整えた。

0-1　イギリス政権交代（1945～90年）

年月	首班	政権政党
1945. 7～51.10	アトリー	労働党
1951.10～55. 4	チャーチル	保守党
1955. 4～57. 1	イーデン	保守党
1957. 1～63.10	マクミラン	保守党
1963.10～64.10	ダグラス＝ヒューム	保守党
1964.10～70. 6	ウィルソン	労働党
1970. 6～74. 3	ヒース	保守党
1974. 3～76. 4	ウィルソン	労働党
1976. 4～79. 5	キャラハン	労働党
1979. 5～90.11	サッチャー	保守党

③「許容」を批判するモラリズム（第5章）の台頭が、サッチャーへの追い風となった。

本書を読み進めるために

本書を読み進めるための予備知識を示しておこう。第二次世界大戦の終結からサッチャー時代にかけての政権交代の推移は、0‐1の通りである。サッチャー政権が覆《くつがえ》すまで、保守党であれ労働党であれ、1945年以降の歴代政権はいわゆる戦後コンセンサスに沿った政治を行った。

コンセンサスの根幹は、①国有化された基幹産業と民間企業の並存（混合経済）、②完全雇用の追求、③国家による包括的な福祉の提供（福祉国家）、④労働組合に配慮する政労使協調、⑤アメリカとの同盟関係と核保有を基軸とする外交、⑥帝国からの段階的撤退、である。

①～④を一口に表現すれば、経済の領域に政府が積極的に干渉する経済的介入主義となる。サッチャー政権は①～④を覆す一方、⑤と⑥は総じて引き継いだ。実は、コンセンサス型統

治には社会的・文化的自由主義というもう一つの柱があるのだが、これについては第4章であらためて触れたい。

また、本書では階級ということばをたびたび使う。1960年代のイギリスでは90%以上の人々が階級は存在すると考えており、階級への帰属意識は彼らの言動を強く方向づけた。

しかし、階級を簡潔かつ正確に規定するのは至難である。誰がどの階級に属すかを示す指標は、生産関係における位置（労働力を売って賃金を受け取るのか、賃金を払って人を雇い利潤を得るのか）、所得や資産の水準、教育の水準、生活スタイル、価値観、文化的嗜好《しこう》など、多岐にわたり、いずれの指標を重視するかによって階級の境界線は違ってくる。社会がいくつの階級から構成されていると考えるべきなのかについても諸説ある。

したがって、ここでできるのは大雑把なイメージを示す以上のことではない。きわめて乱暴だが、1960年代のイギリスを三つの階級に区分してみよう。各々の階級の典型的な職種を挙げるなら、以下のようになる（学生や専業主婦が埒外《らちがい》となる点で問題のある一覧ではある）。

上流階級	大土地所有者、大企業所有者・経営者
中流階級（上層）	医師、法曹、高級官僚
中流階級（中層）	トップではない経営職、管理職

中流階級（下層）　商店主、中小企業経営者、教員、医療技術者、事務職
労働者階級　熟練および不熟練の、あるいは臨時雇いの労働者

いわゆる「豊かな社会 affluent society」（第1章）の時代に入った１９６０年代のイギリスでは、工場労働者であっても、慎ましい商売をしている商店主よりも多くの可処分所得を得ることがありえた。労働者階級と中流階級の境界線が、かつてより不分明になったのである。その結果として広く流布したのが、階級の違いは無意味化しつつあるとする「無階級 classlessness の神話」（第3章）であった。

なお、本書が論じる１９６０年代は、60年1月から69年12月までには限定されない。１９６０年代に特徴的な諸相を理解しようとするなら、「豊かな社会」が到来し、テディ・ボーイズが姿を現し、「怒れる若者たち《アングリ・ヤングメン》」の作家が注目を集めるようになる１９５０年代半ばから（いずれも第1章）、ドル・ショックと石油ショックによって経済成長の基盤が決定的に失われた70年代最初の数年間までを視野に収めることが必要である。さらに、サッチャー時代への論及も欠かせないから、本書の射程は１９８０年代にも及ぶ。

ベビーブーマーの時代

１９６０年代の二大現象は、文化革命と「許容する社会」の勃興である。

いずれについても決定的な役割を担ったのが、第二次世界大戦が終わり子育ての条件が整ったタイミングで大量に誕生したベビーブーマー、日本でいう団塊の世代であった。１９６０年代に若者時代を送る彼らは、50年代に始まる経済成長の果実を誰よりも味わった。１９６５年に30歳未満がイギリスの総人口に占めた割合は44％、２０１５年には37％であるから、60年代に若者のプレゼンスが大きかったことは一目瞭然だろう。

学校を離れたベビーブーマーの若者は、完全雇用政策の下、比較的容易に職に就いて賃金を得た。「豊かな社会」で親の稼ぎも概して増えており、家計への貢献を強く求められることはなかった。しかも、１９６０年の徴兵制廃止によって、兵役に時間を奪われずに済むようにもなった（この点ではアメリカともフランスとも西ドイツとも違う）。自分の好みに沿って稼ぎを費やすことができた若者、なかでも数が多い労働者階級の若者は、マーケティングのターゲット層とされた。「若さ」「新しさ」をセールス・ポイントにする商品が出回って、若者がそれらを旺盛に購買することが経済成長の動力となる。

また、親の世代よりも充実した教育を受け、新しい考え方に触れる機会も多かったベビーブーマーは、キリスト教に基づく伝統的なモラルや決まりごとに異議を突きつける存在ともなった。さらに、家電製品や経口避妊薬からコンピューターやロケット（１９６９年7月にアポロ11号が月面着陸）まで、１９６０年代には科学技術の目覚ましい革新が見られたが、それにいち早く適応し、積極的に活用して新たな生き方の可能性を切り開いていったのも彼らであった。

若者（大まかにはティーンエイジャーから20代半ばにかけて）こそ、１９６０年代の主役だったのである。

第1章　文化革命

1　「豊かな社会」の到来——消費による自己表現

緊縮期の経験

文化革命とは、1960年代のイギリスで生じた文化のヒエラルキーの動揺ないし転倒を意味する。新しいファッションや音楽、写真や映画が次々と目覚ましい成果をあげ、こうしたポピュラー・カルチャー（民衆的な文化）はハイ・カルチャー（クラシック音楽やシェイクスピア劇のような高級文化）よりも価値が低い、という自明視されてきた上下関係を根底から揺さぶった。文化の価値観の大転換が起こったのである。

文化革命の前提となったのは、「豊かな社会」の到来であった。アメリカの経済学者J・K・ガルブレイスの『ゆたかな社会』（1958年）がベストセラーになったことで、広まった呼称である。

ただし、ガルブレイスが論じたアメリカとは違い、イギリスの場合、「豊かな社会」に先立って厳しい緊縮期を経験しなければならなかった。空前の戦費を要した第二次世界大戦に起因する財政難はきわめて深刻であり、加えて、労働力や物資、食料や燃料、住宅も不足したため、戦後になっても、国民は戦時と同じように配給切符を手に行列に並ぶことを強いられた。

クレメント・アトリーの労働党政権はこうした難しい条件の下で福祉国家の建設に着手したわけだが、1947年には、燃料の枯渇に伴う失業の急増、ドル準備の不足とポンドの価値の急落という二重の危機に見舞われ、厳しい緊縮政策をとることを余儀なくされた。苛酷な耐乏生活が弛むのは、マーシャル・プランによって復興支援のためのドルが流入してくる1940年代末になってからであった。のちに「豊かな社会」を享受《きょうじゅ》するベビーブーマーは、緊縮と耐乏の幼少期を過ごしたのである。

大衆消費――「自己」へのこだわり

食料の配給制が終了したのは1954年、総選挙で緊縮政策の終了が確認されたのはその翌年である。この頃から石油ショックの1973年までが、経済成長と大衆消費に彩られた「豊かな社会」の時代にあたる。

数値を示すなら、1951年に週平均8・30ポンドだった21歳以上の男性労働者の賃金は、

61年には15・35ポンド、71年には30・39ポンドに上昇した。もちろん、インフレによる相殺はあるが、賃金の上昇率は小売価格の上昇率を大きく上回っており、可処分所得は疑いもなく増えた。

購買力の増大をわかりやすく示すのが、耐久消費財の急速な普及である。1953年のエリザベス2世の戴冠式の中継が契機となって、50年代初頭にはまだ贅沢品だったテレビの保有率は71年には91%に達した。冷蔵庫の保有率は1956年に8%、62年に33%、71年に69%と推移し、洗濯機は71年の時点で64%の世帯に備えられていた。自動車の所有も1965年には半分近くの世帯に及ぶ。また、1966年にイギリスで初のクレジット・カード＝バークリー・カードが登場し、翌年にはバークリー銀行が現金自動支払機を導入したことも、消費を後押しした。

こうした「豊かな社会」の到来なくして、文化革命はありえなかった。ビートルズのレコードであれミニスカートであれ、1960年代に新しい文化的商品がかつてない規模で生み出されたのは、生活必需品以外の商品を買える若者が増え、大衆消費が需要を支えたからこそのことだった。若者にとって、自分の好みに合った商品の購買は大人の指図や社会的な制約からの自立を実感させる行為であり、彼らはショッピングを通じて音楽、ファッション、その他さまざまな分野の革命の当事者となった。

強調されるべきは、他者への同調が求められた戦時期、経済的に逼迫《ひっぱく》して余裕のなかった緊縮期を経て、1960年代には若者の間で自己表現や自己決定への強いこだわりが見られたことである。そして、他人とは違う「自己」はなにより購買する商品によって表現され主張された。自分がどういう人間なのか、どういう人間でありたいのか、どういう集団に属すのか、を最も雄弁に伝えるのは、どんな服を着るか、どんな音楽を聴くか、だったのである。

「衰退」の懸念

「こんなによい時代はなかった」、1957年7月20日の有名な演説で首相ハロルド・マクミランは未曽有の繁栄を実現した「豊かな社会」をこう自画自賛した。しかし、この演説はバラ色の話に終始したわけではなく、「豊かな社会」の危うさを語ってもいた。

こんなによいのはつづくのか？〔中略〕今日、われわれの一貫した懸念はこれです。拡大をつづける経済で完全雇用を維持しながら、物価を安定させることができるのか？インフレーションを抑えることができるのか？

実際、1960年代に入ると懸念の声が目立ってくる。特に危惧されたのが相対的な経済の「衰退」、成長してはいるものの他の先進国と比較すると緩慢なこと、世界市場でのイギリス製品のシェアが低落傾向にあることだった。西ドイツや日本のような敗戦国にさえ抜き去られる、という悲観論が台頭し、「イギリス病」を指摘する本が続々と刊行された。典型的な問いかけだったのが、「イギリスのなにが間違っているのか？」である。

「なにが間違っているのか？」への回答として流布したのは、こんな言い分であった。オクスフォードとケンブリッジの両名門大学や伝統ある名門私立学校（パブリック・スクール）のような場で培われた人脈を使って権力を独占する旧態依然たるエリートが、時代の変化、とりわけ科学技術の発達に適応できず、有能な人材の登用にも消極的であることにこそ、「衰退」の原因がある。

1963年に第14代ヒューム伯爵がマクミランの後継首相となったことは、就任にあたり爵位を返上し、上院（貴族院）議員から下院（庶民院）議員に転身したとはいえ、時代遅れのエリート支配を象徴するものと受けとられ、強く反発された。1960年代は伝統的なエリートや彼らが支配する体制（ひっくるめてエスタブリッシュメントと呼ぶ）、それに伴うルールや作法に厳しい批判が向けられる時代となる。

チャーチルの死

開戦50周年の前後に繰り広げられた第一次世界大戦をめぐる議論を見ると、エスタブリッシュメントへの敬譲《けいじょう》が急速に失われてきたことがよくわかる。広く浸透したのが、アラン・クラーク『ロバたち』（1961年）で描かれた「ロバに率いられたライオン」、愚かな将軍＝ロバが無謀な作戦へと勇敢な兵士＝ライオンを駆り出し、大量に無駄死にさせた、というイメージである。

１９６３年に初演されたジョーン・リトルウッドの芝居『素晴らしき戦争』（69年にリチャード・アッテンボロー監督により映画化）でも、基軸となるプロットは「ロバに率いられたライオン」に他ならず、高位の軍人や政治家の無能・無力が徹底的に風刺された。ベストセラーとなったA・J・P・テイラー『挿絵入り第一次世界大戦史』（１９６３年）もまた、不毛な戦争は政治家たちの度重なる誤算が招いたのだと断じた。

名門モールバラ公爵家の出身で、長年にわたり政界に君臨したウィンストン・チャーチルの死（１９６５年1月）は、旧来のエリートが取り仕切る時代の黄昏を象徴する出来事だったかもしれない。時の首相は、能力主義を唱え、有能な非エリートを積極的に登用しようとする下層中流階級出身のハロルド・ウィルソンであった。

チャーチルの国葬を中継したBBCの著名なコメンテーター、リチャード・ディンブルビーは、「今日まさに行われている葬儀ほど強く人々の心を打った国葬や儀式は、わが国の歴史で一度としてなかった」と評した。しかし、長らく英雄視されてきたチャーチルも、『素晴らしき戦争』の第二次世界大戦版ともいえる芝居、１９６７年初演のチャールズ・ウッド『ディンゴ』では、厳しい批判の対象とされる。

「貧困の再発見」

また、１９６０年代半ばには、「貧困の再発見」が注目を集めもした。きっかけをつくったのは、異例の売れ行きを見せたブライアン・エイベル＝スミスとピーター・タウンゼンドの社会調査『貧困層と最貧困層』（１９６５年）である。

「豊かな社会」だというのに、１９５３～54年に全体の10・１％だった貧困状態（国民保険料を支払えない者を対象とした国民扶助の給付水準の１４０％以下の所得）の世帯が60年には17・９％にまで増加し、７５０万人の貧困層のうち２００万人以上が子どもだ、という調査結果はショッキングであった。貧困はまだまだ少なからぬ国民が抱える現実であって、格差はむしろ拡大し、国民の下位80％は富の10％しか享受していなかった。経済成長を手放しに礼賛して済むわけではなかったのである。

１９６０年代のさまざまな現象の基底に「豊かさ」があったこと、「豊かさ」を味わったのは一握りの富裕層だけではなく、その一端が国民の多数派にも届いたことは否定できない一方、相対的な「衰退」が懸念され、富の分配の不平等も広く知らしめられていた。「豊かな社会」の二つの顔である。

2　若者文化──エスタブリッシュメントへの反抗

労働者階級の若者

「豊かさ」の恩恵を最もわかりやすく受けたのが、労働者階級の若者であった。

中層中流階級以上の場合、21歳までは教育機関に属すのが通例で、稼ぐことはまれだが、大抵は15歳で学校を離れる労働者階級であれば、早いうちから賃金をほぼ丸ごと自分の好きなように消費できた。彼らがファッションやレコードに稼ぎを投じることを見てとった業界は、彼らを当て込んだ商品を大量に送り出すことになる。そして、さきにも述べたように、好みにあう商品を購買することで、若者たちは「自己」を表現した。

各々の収入はささやかでも、数が多いだけに、労働者階級の若者のマーケットは巨大、影響力も甚大であった。結果的に、それまでは社会のヒエラルキーの上から下に広がるのが普通だった流行が逆流し、下から上へと労働者階級の若者のテイストが流行していくようになる。これは空前のことであった。

こうして、１９６０年代は若者（特に労働者階級の）文化が開花する時代となった。古臭い大人や窮屈な制度・規範は若者にとっていつでも煙たいものなのだろうが、１９６０年代の若者は不満や苛立ちをなによりも外見を通じて、集団的に表現した。後段で紹介するキャシー・マガウアンが言い切ったように、「肝心なのは見た目」だったのである。大人の目には奇天烈《きてれつ》としか映らないファッションに身を包んで街を闊歩《かっぽ》する若者の姿は、それだけでも充分に反抗的であった。独自のアイデンティティをもつ集団としての自己主張である。

世代間ギャップ

「年とる前に死にたい」、モッズ（後述）のお気に入りバンドだったフーのヒット曲「マイ・ジェネレーション」の最も印象的な歌詞はこれである。若さこそが至上の価値であることを鮮烈に表現し、記念碑的な作品となった。

1939年生まれ、つまりベビーブーマーよりやや年長の名優イアン・マッケランは、1960年代に生じた変化をこう語る。「私の世代は、人のピークは中年の頃に来る、と考えるように育てられた。人生には最盛期というものがある、と。〔中略〕突然、すべてがさかさまになった。40歳は年寄りにされたのだ」。

「ジェネレーション・ギャップ」ということばがイギリスで流布するようになるのは1960年代末だが、すでに50年代から世代間の溝は強く意識されていた。焦点は大人の価値観への若者の反抗、目上の者や彼らが体現する権威への恭順《きょうじゅん》の衰退である。

著名なジャーナリスト、バーナード・レヴィンはこう指摘した。「大人の年齢になっても自分たちの考え方はおろか行動の仕方さえ変えないかもしれない世代が、史上初めて姿を現した」。親のようにはなりたくない、「偉くなる」なんてつまらない、という思いを抱き、「自己」を拠《よ》り所に生き方を選択する若者が幅を利かせたのが1960年代であった。

もちろん、すべての若者が反抗的だったわけではなく、数だけでいえば旧来のモラルや規範に従う若者の方が多かっただろう。それでも、たとえ少数派であったとしても、反抗的な若者の自己表現・自己主張のインパクトは強烈であった。

テディ・ボーイズとロッカーズ

1950年代後半頃から注目を集めたのが、若者の集団（「族」）である。「族」に実際に加わる若者は決して多くなかったとはいえ、大人や権威に従うつもりはないという姿勢を「族」ほどはっきりと可視化した存在はなかった。

労働者階級の場合、先鞭《せんべん》をつけたのはテディ・ボーイズ（1950年代半ば〜末、略してテッズ）である。丈の長いジャケットにリーゼント、ロックンロールへのこだわりを共有する「族」であった。

彼らを強く刺激したのが、1955年にイギリスで公開されたアメリカ映画『暴力教室』とその主題歌＝ビル・ヘイリー&コメッツ「ロック・アラウンド・ザ・クロック」であった。不良少年とロックンロールという定番の組み合わせである。映画も主題歌も若者を堕落させるとして批判を浴び（「ロック」と「ロール」はいずれも性行為のスラング、「ロック・アラウンド・ザ・クロック」は絶倫を意味する)、上映禁止措置をとった自治体もあったが、「ロック・アラウンド・ザ・クロック」は8週にわたりチャート1位を占め、若者の購買力の大きさを知らしめた。

テッズを魅了したエルヴィス・プレスリー、マーロン・ブランド、ジェームズ・ディーン、といったアメリカのスターが振りまいたのは、ブランド主演の『乱暴者《あばれもの》』(1953年)やディーン主演の『理由なき反抗』(1955年)で描かれた、暴力や反抗、スピードやセックス、そして死といったイメージである。もちろん、大人からすれば、彼らは堕落したアメリカから持ち込まれた悪しきロール・モデルに他ならなかった。

テディ・ボーイズ

また、「ロック・アラウンド・ザ・クロック」に刺激されて、1950年代後半には空前のスキッフル・ブームが巻き起こった。スキッフルとはギターやバンジョーをメイン楽器とし、手製の疑似楽器を組み合わせて歌うバンド音楽で、自ら音楽をつくりたいと望む若者たちにとって恰好《かっこう》の第一歩となった。ビートルズ

ロッカーズ

の起源はジョン・レノンが友人たちと結成したスキッフル・バンド、クオリーメンにある。

テッズの後継にあたるのがロッカーズ（1950年代末〜60年代半ば）である。モーターバイクを不可欠の小道具とするマッチョで暴力的な「族」として、大人の懸念を大いに掻《か》き立てたが、「ナイフより櫛《くし》」といわれたように、彼らにとって大切だったのはレザー・ジャケットやデニム、リーゼントといったファッションの方であり、深刻な事態に至るような暴力行為の事例は多くない。彼らが好んだ音楽はシンプルなロックンロール、ファッションの場合と同じく、テイストは1950年代的なままであって、その意味で文化革命への貢献は小さい。

モッズ

数の点でも影響力の点でもロッカーズをはるかに凌駕《りょうが》し、1960年代半ばにはロンドンのみならず全国に波及した「族」がモッズ（50年代末〜60年代半ば）である。1960年代の若者文化の中核にあったのは、明らかにモッズ的なテイストであった。

　強面《こわもて》のロッカーズとは対照的に、「モダン派《モッズ》」を気取った彼らはいわば洒落者の不良であって、必須アイテムはイタリア風の細身のスーツとスクーター（ヴェスパをカスタマイズ）、音楽ではロックンロールのみならずリズム&ブルースやスカを愛好し、ジャズ・クラブにも出入りした。モッズ・バンドの代表格とされるフーは、1973年発表の『四重人格』で60年代半ばのモッズの世界を活写している（79年にフランク・ロッダム監督により映画化）。

　モッズは、クールであるためなら、店員や事務手伝いといったぱっとしない仕事で得たなけなしの稼ぎをつぎ込むことを惜しまなかった。スタイルこそをアイデンティティの要とし、貪欲《どんよく》に新しいアイテムを求める彼らの消費行動は、大衆消費の時代に適合し、他人とは違う「自己」を表現しようという1960年代の風潮ともシンクロした。草創期からのモッズを自認するロイド・ジョンソンはいう。「僕がモッズだったのは、服を通じて個人としての自分を表現したかったからだ」。

　また、モッズにはアート・カレッジ（美術に限らず、演劇や音楽、文学などを教える中等

モッズ

教育機関）の学生をはじめとする下層中流階級の若者も参入した。アート・カレッジは文化革命の揺籃《ようらん》ともいえる場であって、ジョン・レノンを筆頭に、ローリング・ストーンズのキース・リチャーズやチャーリー・ワッツ、フーのピート・タウンゼンドといった才能を輩出した。

さらに、テッズやロッカーズほど人種差別的ではなかったこともモッズの特徴である。第4章で述べるように、移民の流入で多文化的になっていく時代の流れに沿っていたのは、間違いなくモッズの方であった。

既存のルールや権威への恭順を拒否する点では同じだったものの、パワーとスピードが自慢のモーターバイクを駆るロッカーズからすれば、スタイル優先のヴェスパに跨がるモッズは男らしくない軟弱者、モッズからすればロッカーズは粗野でダサい連中であった。二つの「族」は当然ながら反目しあい、1964年のイースター以降には恒例のように乱闘騒ぎを繰り返した。

「本当のモッズ」はつまらない喧嘩で大切な服を台無しにしたりしない、との声もあったように、乱闘にはモッズでもロッカーズでもなく騒ぎに便乗しただけの者たちが多く含まれていたらしい。とはいえ、それ自体はたいしたことのない暴力沙汰をジャーナリズムが競ってセンセーショナルに報道した結果、いかにも粗暴で不良のイメージに合うロッカーズだけでなく、ドラッグに手を出すことを除けば無害と思われてきたモッズも、社会秩序への脅威と見なされるようになる。徴兵制を復活させてこの連中を叩き直すべきだ、などと声高に主張する者たちも現れた。一見軟派な不良が予想外の暴力性を露《あら》わにした（と報道された）点で、モッズの方が不気味だったかもしれない。

「モッズ風」

1960年代後半には、ヴェルヴェットやストライプのスーツに花柄やペイズリー柄のフリル付きシャツ、幅広のタイやスカーフ、といったカラフルな男性ファッションが流行した。オスの方が派手な孔雀に準《なぞら》えてピーコック革命と呼ばれる。モッズの進化型といえるが、担い手は従来のモッズと比べて年齢が高く、より富裕で社会的にも成功している者たちであった。労働者階級の若者を中心にしたサブカルチャーであったモッズは、もっと幅広い層の人々を包括するメインストリームへと変容していったわけである。

そもそも、モッズであれロッカーズであれ、外見だけ彼らの真似をすることは簡単だったから、とことんクールを追求する覚悟も不良になる覚悟もなしに「モッズ風」「ロッカーズ風」に装う者は当初から少なくなかった。そして、特に「モッズ風」がよく売れると見るや、ファッション産業はモッズ・テイストの商品を次々と市場に出した。

こうなってしまうと、自分は多数派とは違うクールな人間だ、という少数派の自己主張であった本来のモッズ現象は終息せざるをえなかったが、自分はエスタブリッシュメントに歯向かう若者だという気分は「モッズ風」なだけの者たちにも共有された。

ビートニクス

モッズへの参入は見られたものの、中流階級の若者は概して労働者階級の「族」とは一線を画した。

中流階級の若者集団のさきがけとなるのがビートニクス（1950年代前半〜60年代半ば）である。中心はジャズ・クラブやコーヒー・バーにたむろするようになった学生、（自称）芸術家、などであり、彼らが求めたのは、俗物的で物質主義的な社会とそこに巣食う因習から逃れ、「自己」の欲求や創造性を重んじるオルタナティヴなライフスタイルを実践することであった。

ビートニクス

アメリカ文化にインスパイアされた点では労働者階級の「族」と同様だったが、彼らが好んだのはロックンロールよりもモダンジャズ、あるいは、ジャック・ケルアック、アレン・ギンズバーグ、ウィリアム・バロウズ、といったビート・ジェネレーションの作家であった。また、「族」的な濃密な人間関係からも距離をとった。

CND

ビートニクスがオルタナティヴなライフスタイルを志向した背景には、冷戦時代の核戦争の脅威に由来する将来への不安があった。そして、若者の政治的な異議申し立てを促すテーマとして、１９５０年代後半に浮上したのが他ならぬ核兵器であった。

オルダーマストン行進，1960年４月18日

　きっかけは１９５７年のイギリス初の水爆実験である。翌年に創設され、ヨーロッパ最大級の平和運動となる核武装解除運動《キャンペーン・フォー・ニュークリア・ディスアーマメント》（ＣＮＤ）が結集の場を提供し、毎年恒例のロンドン・オルダーマストン（核兵器研究施設の所在地）間50マイルのデモ行進は、１９６１年と62年には15万人規模に達した。行進には、バンジョーを弾くピート・タウンゼンドや下積み時代のロッド・ステュアートの姿もあったという。

　ＣＮＤが提唱したのは一方的核武装解除（相手の出方にかかわらず率先して自らの核兵器を放棄する）である。この大義には、核軍拡競争を加速させてきた大人たち、核武装の強化を推進する保守党はもちろん、核兵器を容認する労働党（１９６０年の党大会では党指導部の意に反して一方的核武装解除の決議が採択されるが、翌年の党大会で撤回）への批判が込められており、労働者階級も含めて多くの若者がCNDに参加した。

著名な歴史家であり、平和運動の論客としても活躍したE・P・トムスン（第3章）の言い方を借りるなら、彼らは「人類絶滅の可能性が夕食後のごく当たり前の話題になるような文化のなかで青春時代を送る人類史上初の世代」なのだった。ただし、1960年代半ば以降、平和運動の焦点は核兵器からヴェトナム戦争に移り、CNDの第一波は終息する。

「怒れる若者たち」

CNDとは違ったかたちで政治性を表出したのが、ジョン・オズボーンの戯曲『怒りを込めて振り返れ』（1956年）にちなんで「怒れる若者たち」と呼ばれた作家たちである。「若者たち」とはいっても、彼らの大半は1920年代生まれであり、特定の集団を成したわけでもない。

それでも、アラン・シリトー『土曜の夜と日曜の朝』（1958年）、同『長距離走者の孤独』（1959年）、キングズリー・エイミス『ラッキー・ジム』（1954年）、ジョン・ブレイン『年上の女』（1957年）、といった小説が、地方都市の労働者階級や下層中流階級の若者の既存秩序への反抗をリアリズムの手法で描いたのは、重要なブレイクスルーであった。「怒れる若者たち」の怒りは階級格差にあぐらをかくエスタブリッシュメントだけでなく、怒りを汲みとろうとしない労働党や労働組合にも向けられ、たとえばオズボーンはCN

Dに積極的にコミットした。

カウンターカルチャー

1960年代後半には、サンフランシスコを中心に共同体《コミューン》生活やフリー・セックスを実践するヒッピー現象が広がった。10万人ものヒッピーがサンフランシスコに集まった1967年夏は、「ラヴ・アンド・ピース」のキャッチフレーズに合わせて「サマー・オヴ・ラヴ」と呼ばれた。

その影響はイギリスにも及び、主として中流階級の若者たちの間で、あらゆる因習から自由になって「本当の自分」を発見しようと、ヒッピーになる者たちが登場した。誰の目にもわかるかたちでドロップ・アウトし、主流社会のそれとは根本的に異なる文化＝カウンターカルチャーを生きようというのである。数は限定的で、しかもその多くは平日には普通に生活する「週末ヒッピー」だったとはいえ、ヒッピーの出現は衝撃的であった。

「本当の自分」を求めて周囲への同調を拒否した者たちが担い手であった以上、カウンターカルチャーが一枚岩からほど遠かったのは当然だが、それでも、共通項はあった。一つはヴェトナム反戦、もう一つはドラッグの使用を通じて精神的な啓示ないし精神世界の拡張を求めるサイケデリック志向、そして、資本主義と近代合理主義へのアンチとしての神秘主義志向やコミューン志向である。

最も浸透したスローガンは「メイク・ラヴ、ノット・ウォー」、銃口に花を挿す「フラワーパワー」のユートピアが謳われた。カウンターカルチャーの到来は時期的にモッズの退潮と重なるが、「豊かな社会」に背を向けるカウンターカルチャーには、エスタブリッシュメントへの反抗よりも享楽的な消費に流れがちだったモッズへの批判が込められていた。

もちろん、「豊かな社会」の恩恵に浴している若者たちが反資本主義を口にするなど笑止千万、自己陶酔的でわがままな逃避にすぎない、といった批判はありうる。「フラワーパワー」のコミューンが排他性と上下関係を帯びていたことも事実だろう。それでも、反戦・反暴力、人種的・性的平等、環境への配慮、自由な自己表現など、カウンターカルチャーの理想主義には前向きに評価されるべきものがある。

超越瞑想とビートルズ

サンフランシスコほど多くのヒッピーがいたわけではないイギリスで大々的に報じられたのが、ビートルズとヒンドゥー教由来の超越瞑想運動の導師マハリシ・マヘシュ・ヨギの交流である。ヒッピーたちの三大グル（師）の一人と呼ばれたマハリシは、平和の大切さを強調し、人間を精神世界という地中に養分を求める花に準えた。超越瞑想とは、「全能の自然に帰依《きえ》し、神の叡知《えいち》という絶対的で不滅な領域に達するための技術」なのだという。

1967年8月にロンドンで彼の講話を聴いて魅了されたビートルズのメンバーは、ローリング・ストーンズのミック・ジャガーらとともにウェールズ北部バンガーでのマハリシのセミナーにも参加した（マネージャー、ブライアン・エプスタインの死の報が入ったため、セミナーの2日目にはロンドンへ戻る）。さらに翌年2月には、マハリシのキャンプに参加するため遠くインドのリシケシュに足を運び、瞑想と講話の集団生活を送った。ポール・マッカートニーは、瞑想によって「これまでで最も気持ちよく、リラックスした」数分間を経験したと語っている。

マハリシに耳を傾けるレノン，ハリスン，1967年8月

なかでも、ジャズの巨人ジョン・コルトレーンにも甚大な影響を与えた大御所ラヴィ・シャンカルの下でシタールを勉強するなど、かねてからインドの音楽や宗教に強い関心を抱いていたジョージ・ハリスンは、その後もインドへの傾倒を深め、ビートルズにインド音楽を導入したばかりでなく、ヒンドゥー教の宗教活動にも参加した。ビートルズとマハリシの邂逅《かいこう》はカウンターカルチャーに色濃い東洋（非西洋）志向、神秘主義志向を伝えるエピソードであり、東洋の宗教への関心がイギリスで高まるきっかけとなった。

1960年代はキリスト教が凋落していく時代だったが（第4章）、他方で、「豊かな社会」の物質主義や合理主義、西洋文化がもたらした自然破壊や核軍拡を批判的に捉える視座を与えるものとして、あるいは、ドラッグの代替物として（ジョン・レノン曰く、「LSDを知る前にマハリシに会っていたら、LSDを摂《と》る必要などなかった」）、東洋の宗教や思想が若者を惹きつけてもいたわけである。たとえば、ジョン・ファウルズの小説をウィリアム・ワイラー監督が映画化した『コレクター』（1965年）の主演俳優、1960年代の寵児《ちょうじ》だったテレンス・スタンプは、70年代に7年間をインドで過ごし、ヨガと菜食の生活を実践した。

3　ヒエラルキーの揺らぎ――ポピュラー・カルチャーの価値

新しい文化の最前線へ

イギリスの1960年代は文化革命の時代である。Cultural Revolution のことばから真っ先に想起されるのは中国の文化大革命（1966～76年）という名の凄惨《せいさん》な権力闘争だろうが、イギリスのずっと平和的な革命はそれに先んじていた。

前述のように、前提は自分の好みに適《かな》った消費に稼ぎを投入できる若者が大量に存在したことである。旧来の制度や規範に苛立つ彼らの自己表現の欲求がコマーシャリズムと結びつき、それまでの常識を覆すような新しい文化的商品が相次いで登場して、文化革命と評しうる状況が生まれた。

若者が主導する文化革命の勃興によって、イギリスは世界から注目される新しい文化の最前線という空前絶後のポジションに就く。ファッションの革命の先駆者メアリ・クワント（後述）が「若者のためのものはなにもなかった」と回想している通り、従来のイギリスは保守的で堅苦しいと見なされ、ロンドンは「老人の町」などと揶揄《やゆ》されていた。そんなイメージが一変したのである。

もちろん、イギリス全体が一挙に文化革命に突入したわけではない。文化革命はロンドンを中心とする現象であって、それが地方に伝わるには時間がかかったし、若者を主役とする文化革命に多くの大人は困惑と警戒と反発の態度を示した。以前と変わらぬ生き方を墨守した若者も少なからずいただろう。それでも、1960年代のイギリスが文化革命と呼んでもよいだけの深甚な変化を経験したこと自体は間違いない。そして、あえて「革命」ということばが冠されるのは、本章の冒頭で述べたように、ハイ・カルチャーはポピュラー・カルチャーよりも上等で価値がある、という文化のヒエラルキーが根底から揺さぶられ、時に崩されさえしたためである。

前述の通り、1960年代は「イギリスのなにが間違っているのか？」がしきりに論じられた時代であった。「イギリス病」が決まり文句となり、古臭いエリートの支配が指弾されるようになっていたが、その際、旧弊を破るためのキーワードとされたのが「現代化」や

「能力主義」であった。文化革命を牽引する才能ある若者たちに注目が集まったのは、出自にかかわらず有能なら力を発揮できる時代＝現代が来たのだ、という思いからであった。

アメリカ「侵略」

文化革命を考えるうえで欠かせない論点が、文化の「アメリカ化」である。どうにも冴えないイギリスに飽き足らずにいた若者は、アメリカに憧れの目を向けた。ロックンロールとレザー・ジャケットが端的なシンボルだろう。ビートルズが崇敬したのもアメリカのロックンローラーであり、アメリカのチャートを制覇することこそ最大のチャレンジであった。「アメリカ的悪趣味」などとビートルズが難じられたことが示すように、文化革命はしばしば文化的な堕落、アメリカへの従属として批判された。批判の声は、世界最強国の地位をアメリカに奪われたことに苛立つ人々からも、アメリカ流の資本主義が蔓延《まんえん》することを危惧する人々からも発せられた。ニューレフトの論客レイモンド・ウィリアムズ（第3章）によれば、ロックンロールの流行はアメリカによる「文化的・教育的植民地化」という嘆かわしい現実の表れであった。「アメリカ化」に伴う陥穽《かんせい》と見なされた消費主義の広がりについては、第3章でとりあげる。これは「豊かな社会」の本質にかかわる論点である。

しかし、1960年代半ばには、「アメリカ化」の懸念は一時的に払拭《ふっしょく》された。大統領ジョン・F・ケネディ暗殺（1963年11月22日）のショックがまだ残る1964年2月、初のアメリカ・ツアーを行ったビートルズは空前の熱狂とともに迎えられ、4月には『ビルボード』誌のシングル・チャートの1～5位を独占してみせる（トップ100に12曲）。ポピュラー音楽を支配してきたアメリカの市場を、初めて外国のバンドが「侵略」した歴史的な瞬間であった。

「わが国は政治では二流国と見られるのかもしれないが、どうであれ、ポップ音楽では世界をリードしている」。『ニュー・ミュージカル・エクスプレス』誌はこう宣言した。実際、ビートルズにつづくように、ローリング・ストーンズ、アニマルズといったイギリスのバンドが1960年代半ばのアメリカを席巻した（いわゆる「イギリスの侵略《ブリティッシュ・インヴェイジョン》」）。1960～63年に『ビルボード』誌のトップ・テンに入ったイギリスのミュージシャンのレコードはわずかに10だったが、この数値が64～67年には173に跳ね上がる。

「侵略」は音楽に限られず、ファッション、映画、などの分野にも波及して、イギリスは文化的商品を世界市場に輸出する存在となった。「アメリカ化」されるどころか、古臭いアメリカに代わって、若々しいイギリスが文化の主導権を握ったかに思われる状況が生まれたのである。とはいえ、こうしたイギリス産の文化的商品が世界に送り出されるにあたり、アメリカ資本の介在はやはり不可欠であった。

文化革命が葬ったもの

次の引用は、文化革命の意味をわかりやすく伝えてくれるかもしれない。保守派の批評家ポール・ジョンソン(1928年生まれ)が1964年2月28日の『ニュー・ステーツマン』誌に発表したビートルズ批判である。

16歳のとき、私たちはなにをしていただろう? ギリシア語の散文や微積分に苦労したことを覚えているが、それだけでなく、シェイクスピアやマーロウの全作品を読んだこと、詩や戯曲や物語を書いたことも記憶にある。強烈な精神のエネルギーと発見に充ちた、驚くべき年頃なのである。ほとんど毎週のように、新しいアイドルが現れたものだ。ミルトン、ワーグナー、ドビュッシー、マティス、エル・グレコ、プルースト、など。〔中略〕いずれもヨーロッパ文化の主流から生れ出た人々である。16歳のとき、私は友人とベートーヴェンの第九交響曲の生演奏を初めて聴いた。そのときの興奮はいまでも覚えている。ビートルズやその類のものに、貴重な時間をたとえ30秒といえども浪費しようとはしなかっただろう。

〔中略〕

ビートルズに群がり、泣き叫んでヒステリーに陥り、テレビ画面にうつろな表情を映し出されている者たちは、彼らの世代で最も不幸な、愚鈍で怠惰な敗残者である。〔中略〕未来の社会の真の指導者、創造者になる少年や少女は、ポップ・コンサートなどには決して近づかない。単純にいって、彼らは忙しすぎる。いままさに自分を教育しているのだから。ビートリズムその他の大量生産される精神的アヘンにもかかわらず、今後とも私たちの文明をかたちづくる文化を継承する作業に彼らは従事しているのだ。

失笑を禁じえない論評だろう。第九やシェイクスピアやプルーストはビートルズよりも価値があると自明視する態度、これこそまさに文化革命が葬ったものに他ならない。

もう一人、オクスフォード大学オール・ソウルズ・カレッジの学寮長ジョン・スパロウの発言も紹介しておこう。ビートルズの超越瞑想へののめり込みや「モナリザなんてくだらないガラクタ」というレノンのコメントは、彼にいわせれば、「西洋の伝統文化を否定し、高度な芸術という概念を全面的に拒否したいという欲望」の表れである。「文明社会は非文明社会よりすぐれている」、大聖堂のオルガン奏者は「アフリカの野蛮人」よりも「人類のすぐれた種」だ、法の支配は「野蛮人に頭皮を剝がれたり食人種に食われたりする」より好ましい、と考えることまでが、いまや攻撃にさらされている、これがスパロウの認識であった。ポピュラー・カルチャーの台頭がエスタブリッシュメントをいかに戦々恐々とさせたか、うかがい知ることができよう。

第九とビートルズであれ、西洋と非西洋であれ、「文明」と「野蛮」であれ、1960年代には文化の上下関係が根底から揺るがされた。文化革命はたしかに革命と呼びうる変化をもたらしたのである。

席巻する「スウィンギング・ロンドン」

アメリカの『タイム』誌（1966年4月15日）のフロント・ページには、LONDON: The Swinging City の文字が躍った。美術批評で知られる著述家ピリ・ハラスツによるカヴァー・ストーリーにはこうある。

今世紀のあらゆる年代にそれを代表する都市があった。〔中略〕今日ではロンドンだ。伝統に根ざし、変化の只中にあり、豊かさによって解放され、水仙とアネモネに彩られた都市である〔中略〕若者が支配する時代にあって、ロンドンは開花した。ロンドンはスウィングする。ロンドンが舞台なのだ。

「スウィンギング・ロンドン」という呼称の最初の用例ではないにせよ（前年の『ヴォーグ』誌には「ロンドンはいま、世界で最もスウィンギングな都市だ」との記述が見られる）、この呼称が一気に広まったのは1600万もの読者をもつ『タイム』誌の記事が登場して以降である。ジェフリー・ディキンソンによる表紙とともに、この記事は世界中の人々が抱くロンドンのイメージを決定づけた。

「スウィンギング」ということばに、ハラスッは「乱雑」だが「活気に充ちる」、「快楽と最新流行を追いかける」「躍動する」といった意味を込めている。ロンドンは新しい文化に溢れた享楽の都とイメージされたのである。その影響力の根強さは、「スウィンギング・ロンドン」をこれでもかとばかりにパロディ化した映画『オースティン・パワーズ』シリーズ（１９９７～２００２年）からも推察できよう。

いうまでもなく、ロンドンを「スウィンギング」にしたのは、音楽におけるビートルズをはじめ、さまざまな分野で進行中の文化的革新である。それはすでに１９６０年代前半から注目を集めており、ハラスッがいち早く目をつけたわけではない。『タイム』誌の記事の画期性は、多岐にわたる新しい動きを「スウィンギング・ロンドン」ということばで一括してみせたところにあった。

『タイム』の「スウィンギング・ロンドン」特集（1966年４月15日号）

「〔エスタブリッシュメントとの〕戦いは終わった、勝ったのはモッズだ」。ハラスッによれば、ロンドンではベビーブーマーが「鍵を握る役割」を演じており、「新たなリーダーたち」の多くは労働者階級から輩出されていた。19世紀末のウィーン、１９２０年代のパリ、世界恐慌直後のベルリン、40年代のニューヨーク、

50年代のローマにつづき、60年代を代表する都市はロンドンだ、と彼女は宣言した。アメリカン・ニューシネマの代表作『イージー・ライダー』（1969年）で知られる俳優・監督デニス・ホッパーは、自身のロンドン体験を次のように回想する。

ファッションもアートもまさしくすべてが爆発していた。音楽にはただただ驚嘆するばかりだった。〔中略〕文化についてあれだけの衝撃を私に与えた場所には他に行ったことがない。〔中略〕およそ5年にわたって、ロンドンには誰も太刀打《たち》ちできなかった。世界中の文化を支配していたのだ。

（Shawn Levy, *Ready, Steady, Go!*）

110ヵ国の代表が参列した1965年1月のチャーチルの国葬の際、『オブザーヴァー』紙はこれが「ロンドンが世界の首都である最後の機会」だろうと述べたが、いまやロンドンは世界の文化的な首都と目されるようになっていた。ハラスッがいうには、栄華を誇ったかつての大帝国が解体したことによって、イギリスは「世界をリードする重苦しい数世紀を通じて失った軽やかな心」を回復した。文化的先駆性こそが、世界に冠たる帝国だった過去から切り離された時代のプライドの根拠となったのである。

「残された」ロンドン

ただし、「スウィンギング・ロンドン」といって想起されるのはあくまでもソーホー、チェルシー、メイフェア、サウス・ケンジントン、といったロンドンでもファッショナブルな地区であり、貧困地区は総じて無視された。また、旧植民地からの移民の流入によって、ロンドンはエスニックな混交が著しい都市になっており、移民とともに流れ込む多様な異文化は文化革命を強く刺激したが、文化革命で脚光を浴びたのはほとんどが白人であった。

こうした意味で、『タイム』誌が描いた「スウィンギング・ロンドン」に対し、煌《きら》びやかな面ばかりに光をあてている、「ほんの少数の人々以外はロンドンでこの種の〔華やかな〕生活など賄《まかな》えない」、といった批判が出てくるのは当然であった。『ニューヨーク・タイムズ』紙は、イギリスは実際には「経済的破滅」への道を辿っていると警告した。「国が置かれた客観的状況と国民のムードとがこれほど大きく乖離《かいり》している例は他にほとんどない」。『スウィンガーのロンドン案内』（１９６７年）で、ハラスツもイギリス経済の「病と停滞」に言及している。しかし、「こうした苦難にもかかわらず、いやおそらく苦難ゆえに」、ロンドンは「世界で最も楽しい都市」なのだというのが彼女の主張である。そこでは、「安逸な生活への熱烈な反乱」が進展し、「快楽主義的に、ニヒリスティックなまでに享楽が追求され」ている。「イギリスでは一つの革命が進行中であり、なににも増して、スウィンギングな社会こそがその前衛である」。

4　文化の首都——「スウィンギング・ロンドン」

メアリ・クワント

文化革命は多岐にわたるが、まずファッションから見てみよう。

１９６０年代の若者は、最もわかりやすい自己表現の手段であるファッションに強くこだわった。そんななか、若い女性にターゲットを絞った店をいち早くオープンし、圧倒的な支持をかちえたのが「モッズ・ファッションの女王」＝メアリ・クワントである。彼女もアート・カレッジの出身であった。

彼女の特筆すべき達成は、第一に、１９５５年11月、21歳でロンドンはチェルシーのキングズ・ロードに最初のブティック「バザー」を開店し、「ブティックの時代」のパイオニアとなったことである。ハラスツの見方では、「新しいロンドン・シーンをなによりも特徴づけるのはモッズ的なブティックであり、これらのブティックの始祖にあたるのがメアリ・クワントの「バザー」である」。「バザー」の成功を引き金として、近隣にはブティックが次々とオープンし、ロンドン中心部から離れていたにもかかわらず、チェルシーは流行の震源地となった。これらのブティックの最大の顧客となったのが、モッズ的なテイストの若い女性である。

第二に、ウェストの絞りを強調するようなパリ発のエレガンスの美学、エスタブリッシュメントの美学を、俊敏な動きを表現するすっきりとしたライン、派手で奇抜な柄、原色を強調する大胆で目立つ色使い、「安っぽい」素材の利用によって覆したことである。『デイリー・エクスプレス』紙はこう評した。「着やすくシンプル、ウェストを絞らず色彩は魅力的、そして単純な素材。それを着る者たちに、若さ、冒険心、明るさ、といったアイデンティティ意識を与える」。

ブティックが並ぶキングズ・ロード

「動き，走り，踊るための服」

クワントがデザインした気取りのない「チェルシー・ルック」の主役に相応しかったのは、夜会やオペラに出かける贅沢な大人の女性ではなく、ごく普通の日常を自由に楽しむ活発な少女であった。クワントは

OBE勲章を受章したメアリ・クワント

いう。「私が嫌いだったのは、ファッションと呼ばれる服装のセクシーさの欠如、楽しさの欠落、フォーマルな退屈さだった。私がほしかったのは、もっと生活に、生きている人々に密着した、もっと若さと活発さを表現できる服だった」。新しい時代の若い女性にフィットする、「動き、走り、踊るための服」を提供したのである。

クワントはアメリカ進出にも成功し、1966年にはイギリス経済への貢献を評価されてOBE勲章（イギリス帝国四等勲章、ビートルズの勲章よりも格上）を受ける。

ミニスカート

クワントの名からすぐに連想されるミニスカートは彼女が創始したわけではなく、以前からあった。クワントとミニスカートが結びつけられたのは、1965年10月にオーストラリアで起こった「事件」がきっかけだった。

世界的な人気を誇り、スター・モデルのさきがけともいえる存在だったジーン・シュリンプトンが、競馬のメルボルン・カップに合わせたファッション・ショーに招待された際、格式の高い場では考えられない服装（帽子も手袋もストッキングもなし、膝上10センチ超のスカート、男物の時計）で登場して、人々の度肝を抜いたのである。「事件」は広く報道され、「行儀が悪い」と発言したメルボルン市長の妻をはじめ、エスタブリッシュメントの世論は猛反発したが、逆に、若者たちからは熱烈な支持が寄せられた。

シュリンプトンは『自伝』でこう回想する。

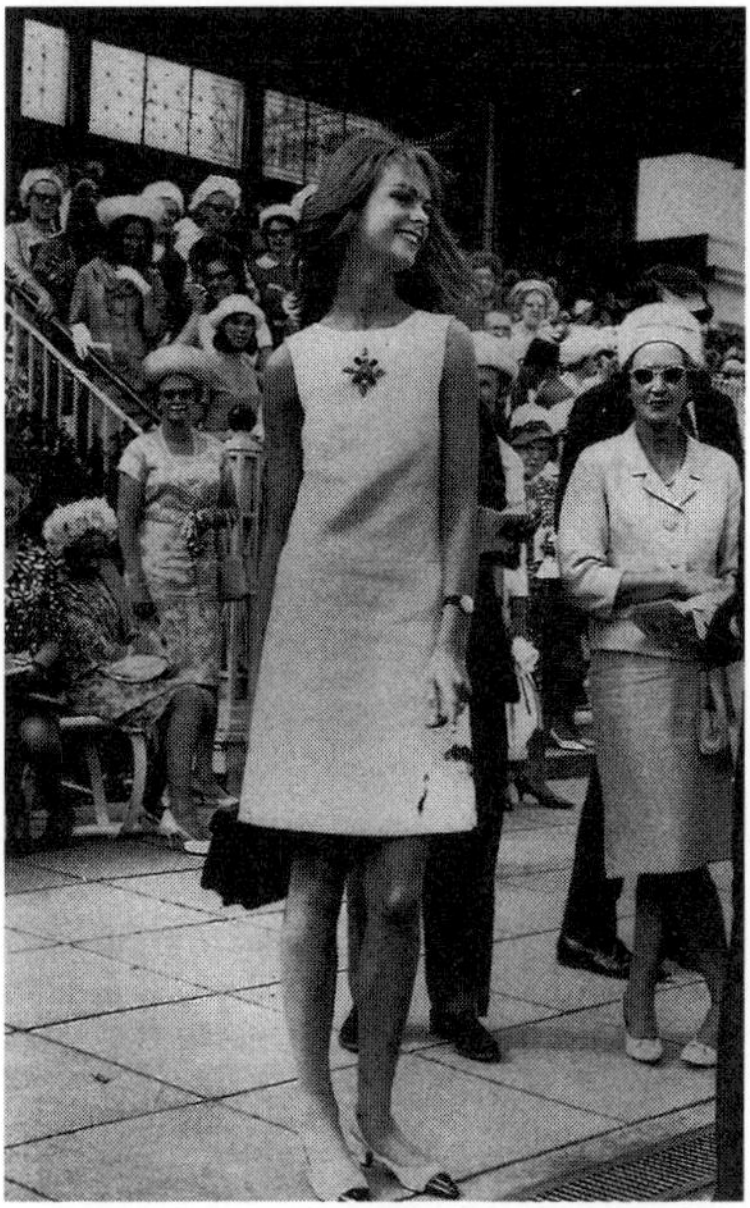

ジーン・シュリンプトン，メルボルンで

イギリスで経験されていたような1960年代は、オーストラリアにはまだ達していなかった。〔中略〕若者たち、特にレースに出かけるだけの余裕がなかった人たちは、私を支持してくれた。新聞報道は過熱し、私がオーストラリアを真っ二つにしたとまで書いた。〔中略〕私の写真はすべての新聞のフロント・ページを飾った、世界中で！〔中略〕その結果、オーストラリア中の若い女性たちがスカートを短くするようになった。イギリスの新聞に載った写真は、イギリスにも同じ結果をもたらした。パリで〔アンドレ・クレージュによって〕熱気もなく発表されたミニが、突如としてファッショナブルになった。

これに乗じて、メアリ・クワントが即座にそれまでより短いスカートを生産した。多くの人が、新しい熱狂をつくりだしたのは彼女だと考えている。(*An Autobiography*)

機を見るに敏なクワントが売り出したシュリンプトン着用のモデルは大ヒットした。従来さして人気もなかった丈の短い「ショートスカート」は、「ミニスカート」と呼ばれるようになる。

ミニスカートが1960年代を象徴するアイテムとなったのは、この時代の若い女性が享受する自由を明瞭に表現したからである。「スウィンギング・ロンドン」の代表的な女優リン・レッドグレイヴは、ミニスカートに「自分が頼れるなにか」「自分を変えてくれるなにか」を見出し、「自由になったと感じた」という。女性を男性の性的欲望の客体にするだけだ、といった批判もあったが、年を追うごとに丈はいよいよ短くなった。膝頭を醜悪と見なすパリ風の美学は、ミニスカートの流行によって決定的に覆されたのである。

ただし、やや脇道に逸れるが、ミニということばをいち早く普及させたのはスカートではなく自動車だった。これもまた1960年代イギリスのシンボル的な存在となるミニ・クーパーである。1959年に販売開始されたオースティン・セヴンおよびモーリス・ミニ・マイナーにジョン・クーパーが改良を施し、61年からこの名称で売られた。ミニは女性をターゲットとする最初の自動車であるとともに、前輪駆動によって小型車ながら最大限の居住スペースを確保する、というその後の主流を先取りした革命的な自動車でもあった。

ブティックの時代

「スウィンギング・ロンドン」のファッションを発信したのは、1967年には2000店に上ったといわれるブティックであり、特にチェルシーのキングズ・ロードと中心部ソーホーのカーナビー・ストリートに集中した。

1964年にバーバラ・フラニッキがオープンした「ビバ」は、「バザー」よりも安い、労働者階級の少女でも気軽に買える価格の商品を提供した。『ヴォーグ』誌の編集長ジョージナ・ハウエルによれば、クワントのパーティ・ドレスにかかる金額を出せば、「ビバ」ではコート、ドレス、靴、ペチコート、帽子を揃えることができた。「ビバ」の常連には、後述するジュリー・クリスティやキャシー・マガウアンのような著名人もいた。

若者の最新のテイストをいち早く察知し、それを導くことができたのは、小回りの利くブティックであり、1908年創業の高級百貨店「セルフリッジズ」が若者向けセクション「ミス・セルフリッジ」をスタートさせたのは66年になってからであった。また、ブティックの若いデザイナーの多くは、ファッション・エスタブリッシュメントとは縁遠い、アート・カレッジ卒の相対的に慎ましい出自の人々であった。

ウィットに富んでセクシーな、いささかウケ狙いの気味もあるがしかし魅力的なブティック発のファッションは、若者の自己表現の媒体であった。『ガーディアン』紙の見るところ、新しいファッションが主張するのは、「私は若い、だから私は他人とは違う、私は特別だ」というメッセージであった。そして、大人にはおよそ理解できないような服やアクセサリーを身に着け、ストリートをわがもの顔で歩く若者の姿には、最先端の都市としてのロンドンへの憧れを世界中で喚起《かんき》する力があった。パリやミラノのファッション・ハウスがロンドン発のスタイルを取り入れる時代が来たのである。

ヴィダル・サッスーン

新しいファッションの活況はヘアドレッシングにも波及した。クワントに匹敵する成功を収めたのが、ロンドン東部のユダヤ系貧困家庭の出身で、「無階級の神話」(第3章)を体現する存在だったヴィダル・サッスーンである。

彼は大仰で手の込んだ(盛って巻く)ヘアスタイルに代えて、ナチュラルなショート・ボブ（ファイヴ・ポイント・カット）を打ち出し、その「大げさでなく装飾もない、ただ小ざっぱりとしてクリーン、スウィンギングなライン」はブティック発のファッションと完璧にマッチした。同時に、「洗ってすぐに出かけられる」ショート・ボブは、髪型を整える面倒から女性を解放しもした。

サッスーンの理想は「一人ひとりの個性を最大限際立たせる髪型」であって、個性を無視して誰もがショート・ボブにすることを望んだわけではない。彼の店の顧客のうち、ショート・ボブを希望するのは四分の一以下だった。サッスーンの成功により、ヘアドレッサーという職業は時代の花形となる。

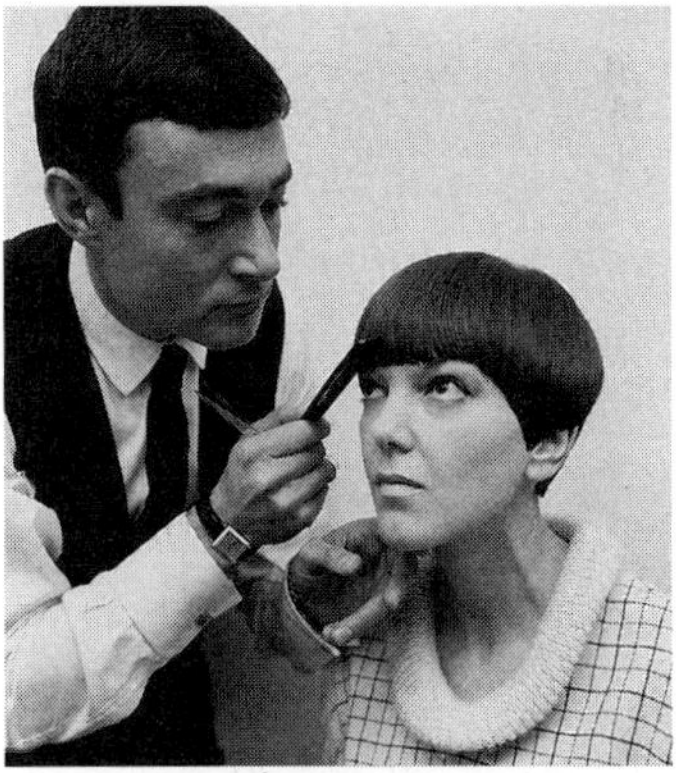

クワントの髪を切るヴィダル・サッスーン

それでも、ファッション業界で一番のスターはやはりモデルであった。ミニスカート流行のきっかけをつくったジーン・シュリンプトンやジョージ・ハリスンと結婚するパティ・ボイドのような人気モデルは、「スウィンギング・ロンドン」のアイコンとして「ドーリー・バード」と呼ばれた。若い女性を指す「バード」に「人形のような」を組み合わせた、つまりは「魅力的な若い女性」のことで、「見た目だけで中身がない」といったニュアンスを帯びる場合もある。

最初に世界的名声を得たのはシュリンプトンだったが、しかし、群を抜いて有名な「ドーリー・バード」はやや遅れて登場したツイッギー（レズリー・ホーンビー）だろう。下層中流階級出身のこの人気モデルの絶頂期は1966～67年であり、67年には日本にも来て「ミニの女王」として旋風を巻き起こした。ツイッギーの弁では、自分は「普通の人が普通じゃないことをできた時代」＝1960年代だからこそ存在しえた「即席セレブリティ」であった。

男性ファッション

モッズ的なテイストの若い男性を顧客とするブティックも次々と開店した。そもそも、ショッピング自体が「男らしさ」にもとる行為とされてきたことを思えば、ブティック巡りにいそしむ若者の姿がどれほど大人を驚かせたか、想像できよう。

とあるガイドブックによれば、中心部カーナビー・ストリートのブティックは「労働者階級向け」であり、やや離れたキングズ・ロードのブティックにはもっと高価な商品が揃えられた。1960年代半ば以降にビートルズやローリング・ストーンズのメンバーがよく訪れたのは、大胆な色使いの花柄シャツや幅広のタイで人気を集めたキングズ・ロードの「ハング・オン・ユー」であった。

賑わうカーナビー・ストリート

ロンドンに22店舗を展開し、「カーナビー・ストリートの王」と呼ばれたのがジョン・スティーヴンである。グラスゴウの労働者階級出身の同性愛者であり、自身は伝統的な服装を好んだが、1960年代以前には同性愛者か芸人、そして非白人しか着ないと考えられていたピンクや紫、オレンジ、といった色を使ったそれをはじめ、旧来の規範から逸脱する大胆な商品を送り出した。『ロンドン・ライフ』誌は、「地球上で最もスウィンギング」なカーナビー・ストリートをこう描写する。

昼であれ夜であれ、ティーンエイジャーやツーリスト、そして、若者は次にどんなものを買うのかを探りに来るもっと保守的な服飾店のバイヤーによって、舗道は雑然と込み合っている。そして、しばしばバイヤーは完全に意気消沈して帰らねばならない。通りに連なる夥《おびただ》しい数の店のどれもが独自の方向性の服を売っているからである。個性こそがすべての本質、これがカーナビー・ストリートなのだ。

(*London Life*, 14 May 1966)

ただし、筋金入りのモッズからすれば、単なる「モッズ風」や観光客が押し寄せるカーナビー・ストリートは本来の美学からの堕落を象徴していた。スティーヴンの大繁盛は美学へのこだわりを捨てたからこそ実現したのであり、コマーシャリズムに乗って「スウィンギング・ロンドン」を制覇したのはいわば「通俗的なモッズ」のスタイルであった。

男性ファッションの場合、年齢やステータスに相応しく装うことへの圧力が女性ファッションよりも強い。それでも、衣服に自己主張を込める若者の急増とともに、生地やライン、柄や色彩は一気に多様化した。総じて強まったのはフェミニンな傾向であって、「両性具有の1960年代」などということばも使われた。ピート・タウンゼンドにいわせれば、モッズの流行は「マッチョであることはもはや男らしさの唯一の基準ではない」ことを知らしめたのであり、アクティヴさを前面に打ち出す女性ファッションの流行と相まって、伝統的な性差のイメージを掘り崩した。旧来型の「男らしさ」に囚われることなく、自分に似つかわしいと思える服装を着ることがはるかに容易になったのである。

もう一つ特筆すべきは、1960年代後半に爆発的に流行した長髪である。短髪こそ男性に相応しい、といった戦時を引きずった発想（「男らしさ」の究極を兵士に見る）を否定する男性の長髪は、喧《かまびす》しい論争の的となった。大学ではもはや長髪を禁圧することはできなかった一方、中等教育機関は髪の長さをめぐる激しい紛争に揺れた。

「女みたいな長髪」には男女間の垣根を解体する意味があり、イヤリングやネックレスが男性に受けいれられていっただけでなく、オールド・スパイスのアフターシェイヴ（1957年から販売）に始まる男性化粧品も急速に普及する。化粧は女のすることで男には無縁などという時代は去った。

既製服の革命

強調しておきたいのは、流行を先導したのがオートクチュール、すなわち、「全部合わせても2000人くらいのごく少数の人たち、信じがたいほどの金をもち、他の人々とはまったく違う生活を送る人たち」（クワント）を相手にする高級注文服ではなく、吊るしの既製服であったこと、ファッションの革命がオートクチュールなどとは縁のない普通の消費者を巻き込んだことである。オートクチュール発の最新デザインが安価な既製服に転用されて流行が広がるのとは逆に、既製服が流行の震源となり、時にはそれがオートクチュールに影響を与えた。「ファッションを本当に民主化した巨大なブレイクスルー」（クワント）が生じたのである。

「着れば着るほど味が出る良質の生地」「飽きのこない奇をてらわぬデザイン」といった旧来の良識も、否定されていった。流行に適っていることを最優先し、価格も品質もチープで、買ったときには人目を惹いてもしばらくすれば古臭くなりがちな商品を、使い捨て的に着ることがよしとされたわけだが、これはいかにも大衆消費の時代に相応しかった。ファッションの革命を引っ張ったのは手頃なブティックの商品くらいならなんとか買える若者であり、そうすることで彼らは流行の最前線に身を置いた。

写　真

こうした1960年代のファッションをスタイリッシュにフィルムに収め、写真の芸術的価値を広く知らしめたのが、新進の写真家たちである。

三羽烏ともてはやされたデイヴィッド・ベイリー、テレンス・ドノヴァン、ブライアン・ダッフィはいずれも労働者階級の出身、「無階級の神話」の申し子であった。ベイリーによれば、彼らが名声を獲得できたこと自体が「労働者階級の革命」に他ならない。「1960年代以前には、この国の階級機構はほとんどインドのカースト制度のようだった。そのあたりが変わらないままだったら、私は不可触賤民で終わっただろう」。

とりわけ注目を集めたベイリーについて述べておこう。裁断職人の家庭に生まれた彼は、独学の末、ファッション写真家ジョン・フレンチの助手としてキャリアをスタートさせ、1960年には『ヴォーグ』誌（イギリス版）と契約を結ぶ。『ヴォーグ』誌での活躍は目覚ましく、契約から数ヵ月で表紙を担当したばかりでなく、彼の写真を掲載するページ数は年間800ページに及んだ。ジーン・シュリンプトンをトップ・モデルに押し上げたのも彼であった。

躍動的な「スウィンギング・ロンドン」のイメージを伝え、同時にその一翼を担う存在として、ベイリーはスターの地位を獲得し、多くの著名人と華やかな交友関係を結んだ。特に世間を騒がせたのが、1965年にフランスの人気女優カトリーヌ・ドヌーヴと結婚したことであった。

結婚を届け出たデイヴィッド・ベイリーとカトリーヌ・ドヌーヴ，1965年8月18日

レノン&マッカートニーやミック・ジャガー、ツイッギーやアンディ・ウォーホル、ジーン・シュリンプトンやテレンス・スタンプ、殺人、強盗、放火で悪名高い双子のクレイ兄弟、そしてベイリー自身（ジャガーが撮影）、などのポートレイトを収めた最初のフォト・ブック『ボックス・オヴ・ピンナップス』（1965年）は、さながら「新しい貴族」と呼ばれた1960年

代の立役者たちの名鑑であった。そこには被写体となった人物だけではなく、いずれ過ぎ去るロンドンのピークが焼きつけられている。クレイ兄弟の写真が含まれていることには厳しい批判が殺到したものの、『ボックス・オヴ・ピンナップス』は被写体だけでなく写真家自身もスターとなる時代の到来を告げ、ベイリーの芸術的な評価も確立された。

ベイリー本人には芸術をつくっている自覚はなく、写真は「ナイスなもの」以外のなにものでもなかったようだが、写真が芸術と見なされていくにあたって、彼が果たした役割は大きい。殺風景な白の背景と鮮烈なライティング、ナチュラルなポージングを特徴とする彼のシャープで硬質な作品は、衣服を纏《まと》わせるための単なるマネキンではなく、ダイナミックな人格としての被写体が放つ自発性やエネルギーを捉え、ファッション写真やポートレイトのあり方を一新した。

ベイリーは語る。「構図とか、その種のことは気にしない。ただ一つ、写真から人物のエモーションが伝わってくるようにしたい〔中略〕たとえ自分が不作法にそれを強いてでも、なにかを人物から引き出したいんだ」。

ポップ・アート

写真と並んでファッションと接する位置にあったポップ・アートの運動は早くも1940年代から展開され、来るべき文化革命の美学の基礎を据えた。

アンディ・ウォーホルやロイ・リキテンシュタインのようなアメリカのスターが注目を集めるのは１９６０年代に入ってからだが、イギリスの先駆者と目されるエデュアルド・パオロッツィは40年代後半から雑誌を素材とするコラージュを制作するようになり、52年には現代アート研究所の「インディペンデント・グループ」に参加して、胎動期のポップ・アートを牽引した。１９５６年にこのグループが開催し大反響を呼んだ「これが明日だ」展とともに、ポップ・アートは急速に認知される。１９６０年代にはアクリル素材でプールを描いた一連の作品でデイヴィッド・ホックニーが人気を博し（ただし、活動拠点はカリフォルニア）、ポップ・アートは全盛期を迎える。

ポップ・アートに共通するのは、広告や雑誌、漫画や写真といった、およそ芸術からは遠いと思われている素材から作品を仕立て、大衆消費社会を表現する（時には批判する）点である。前衛的で抽象的な表現を志したモダニズム美術（未来派、キュビスム、シュルレアリスム、など）の難解さや晦渋《かいじゅう》さとは対照的に、どんな受け手にもとっつきやすい作品を送り出したポップ・アートが目指したのは、永遠性のある普遍的なにかではなく即時的なインパクトであった。ブティック発のファッションが使い捨てのように消費されたのに似て、ポップ・アートもいわば一過性の作品を大量に生産した。

商品を素材にするポップ・アートには、「豊かな社会」の消費主義に同調しやすいところがあり、デザインがファッションに取り入れられたのはもちろん、作品のほとんどは美術館での鑑賞用ではなく、複製されて手軽な商品として売られた。その分、消費主義を批判する視点は、いくつかの例外を別とすれば、弱くならざるをえなかった。

テレビ・ドラマ

圧倒的多数の国民の日常生活に生じた1960年代で最大の変化は、テレビの普及である。1960年代末ともなれば、テレビは誰もが観ていると考えてよかった。また、1962年7月のテルスター通信衛星の打ち上げを出発点として宇宙中継の技術が発展し、アメリカの公民権運動やヒッピー現象、「プラハの春」とワルシャワ条約軍によるその圧殺、パリ5月革命、世界各地のヴェトナム反戦運動、といったニュースがリアルタイムでイギリスに伝えられるようになったことは、文化革命を強く刺激した。

国民的ドラマと呼んでも過言ではない人気を誇り、いまなおつづいている通俗的連続ドラマ《ソープ・オペラ》『コロネーション・ストリート』は、1960年12月にITV（55年開業のイギリス初の民放局）で放送が開始された、まさしく60年代の産物である。北イングランドの労働者コミュニティを舞台とするこのドラマは、その後無数に制作されるソープ・オペラの雛形となった。地方都市の労働者をクローズ・アップする点では、「怒れる若者たち」の文学や後述するニューウェーヴ映画と共通するが、社会批判の視点はほとんど見出せない。

むしろ特筆に値するのは、BBCの『ウェンズデイ・プレイ』の枠で1964～70年に放送された中絶やホームレス、核軍縮や脱植民地化、といったシリアスなテーマのドラマだろう。白眉といえるのが、のちに社会派映画の大御所となるケン・ローチ（労働者階級出身）が演出した『キャシー・カム・ホーム』（１９６６年）であり、史上最高のテレビ・ドラマとの評価さえ聞かれる。

都会に出たものの出産と夫の失業で貧困に陥り、ホームレスへの転落を余儀なくされる女性をドキュメンタリー・スタイルで描いたこの作品は、ローチによれば、ドラマというよりも「ニュースの延長」であった。希望のかけらもないラスト・シーンには、次のキャプションがかぶさる。「このテレビ映画で描かれた出来事はすべて、過去18ヵ月にイギリスで実際に起こったことである。親がホームレスだからという理由で、毎年４０００人もの子どもが親から引き離され、保護下に置かれている」。

最初の放送から50年の節目に、『ガーディアン』紙はこう記している。「『キャシー・カム・ホーム』が心の芯まで震えるようなショックを〔50年前の〕人々に与えたのだとしたら、この物語が２０１５、16年になってなお人々の生活のなかにある事実は暴動を引き起こしてもおかしくない」。この作品が抉《えぐ》り出したホームレスと絶望的な住宅事情という「豊かな社会」の暗部は、半世紀の時を経てなお、克服されていないというのである。

『レディ・ステディ・ゴー！』

若者とのかかわりで注目すべきは、ITVが1963～66年に放送した初の若者向け音楽専門番組『レディ・ステディ・ゴー！』である。ちょうどビートルズの人気絶頂期と重なり、大きな支持を受けた。モッズの聖歌《アンセム》となるフーの「マイ・ジェネレーション」に火を点けたのはこの番組である。

キャシー・マガウアン

毎週金曜日に放送された『レディ・ステディ・ゴー！』のモットーは、「週末はここから始まる」。若者たちは、流行のファッションで登場し、若者ことばを連発する番組のプレゼンター、若き日のツイッギーも「ヒロイン」と崇《あが》めたキャシー・マガウアンやお気に入りのバンドの演奏を観て（それまではラジオやレコードで聴くだけだった）気分を盛り上げてから、ブティックで買った服で夜の街へと繰り出した。

『レディ・ステディ・ゴー！』には、ビートルズ、ローリング・ストーンズ、フー、キンクス、ヤードバーズ、といったイギリスのバンドだけではなく、ジミ・ヘンドリクスのようなアメリカ出身のスター（スターダムに押し上げたのはイギリス）、さらには発掘された新進のミュージシャンも出演した。狭い地下スタジオで、演奏するミュージシャンを聴衆とダンサーがスタンディングで取り囲む収録の光景は、ちょうどクラブにカメラを持ち込んだような雰囲気を醸《かも》し出した。音楽番組では当たり前だったマイミング（いわゆるロパク）をやめる方針を、1965年に打ち出したのも画期的だった。

この番組が全国放送され、1400万の視聴者を得たことで、「スウィンギング・ロンドン」の雰囲気とモッズ（「通俗的なモッズ」）的なスタイルは地方にも広がっていった。1964年にはBBCも同様の音楽専門番組『トップ・オヴ・ザ・ポップス』の放送を開始する。

ニューウェーヴ映画

テレビの普及によって壊滅的な打撃を受けたのが映画である。1955〜63年だけで映画の観客動員は3分の1に減少し、映画館も半減、1960年代末には全国公開される映画のほとんどはアメリカ製作ないしアメリカ資本の作品となった。それでも、減少した観客のなかでは若者の占める割合が上昇し、これに対応してつくられた若者向けの意欲的な低予算映画は、文化革命の一翼を担った。

特に注目されるのが、1950年代末から60年代半ばにかけてのいわゆるニューウェーヴ映画である。演劇のジャンル分けに沿って、上品で優雅な客間《ドローイング・ルーム》劇の対極の台所《キッチン・シンク》劇とも呼ばれた。先陣を切ったのはジャック・クレイトン監督『年上の女』（1959年）である。

アルバート・フィニー,『土曜の夜と日曜の朝』(1960年)から

ニューウェーヴ映画をやや乱暴に性格づけるなら、地方の下層の視点から既成の権威や規範、特に性と階級にかかわるそれへの若者の異議申し立てのようなテーマをとりあげ、白黒映像、ロケーションや一般人のエクストラを多用した疑似ドキュメンタリー的撮影、役者の自発性の重視、といったフランスのヌーヴェルヴァーグ映画に通ずる手法で映像化したものといえる。起用された俳優たちにも地方出身者が多い。「怒れる若者たち」の文学と方向性を同じくしていたことは、彼らの作品を原作とするものが多いことに示される。

アラン・シリトーの小説をカレル・ライスが映画化した『土曜の夜と日曜の朝』（1960年）を例にとろう。映画と舞台とを股にかけた活躍でイギリスを代表する名優となるアルバート・フィニー（1936年生まれ）が、若き日に演じた主人公アーサー・シートンは、権威を嫌う反抗的な22歳の旋盤工、両親や職場の同僚と同じような単調で冴えない生活などまっぴらだと思っている。一番の憂さ晴らしは痛飲と人妻（同僚の妻）との情事である。年齢の近い恋人を見つけたものの、平凡な結婚に漕ぎつけたいと望む彼女がアーサーの性的な要求を拒むため、人妻との関係はだらだらとつづき、結局は露見してしまう。暴力的に叩きのめされたアーサーには、恋人と結婚し家庭を営むという、どうにも納得しきれない選択肢しかない。凡庸な日常に反抗してはみるのだが、結局のところ日常から抜け出せず、苛立ちを募らせる労働者の主人公は、アメリカだったらマーロン・ブランドが演じても似つかわしかったかもしれない。

ライスの他にも、重要なニューウェーヴの映画作家には、トニー・リチャードソン（『怒りを込めて振り返れ』〈1959年〉、『長距離ランナーの孤独』〈1962年〉）やリンジー・アンダーソン（『孤独の報酬』〈1963年〉、『If もしも…』〈1968年〉）がいる。彼らは1956年にフリー・シネマ運動を発足させて映画の革新を目指した人々であった。アンダーソンは、ライスとともに、CNDのデモ行進の記録映画『オルダーマストンへの行進』（1959年）を撮っているし、『ユニヴァーシティズ・アンド・レフト・レヴュー』誌に寄稿して、いわゆるニューレフト（第3章）の人脈とつながってもいた。

映画が描く「スウィンギング・ロンドン」

ニューウェーヴ映画は1960年代半ばには下火となり、代わって、賑やかな「スウィンギング・ロンドン」を描く映画が登場する。代表的なのがルイス・ギルバート監督『アルフィー』（1966年）である。主演のマイケル・ケインは南ロンドンの労働者階級の出、「無

マイケル・ケイン（左），『アルフィー』（1966年）から

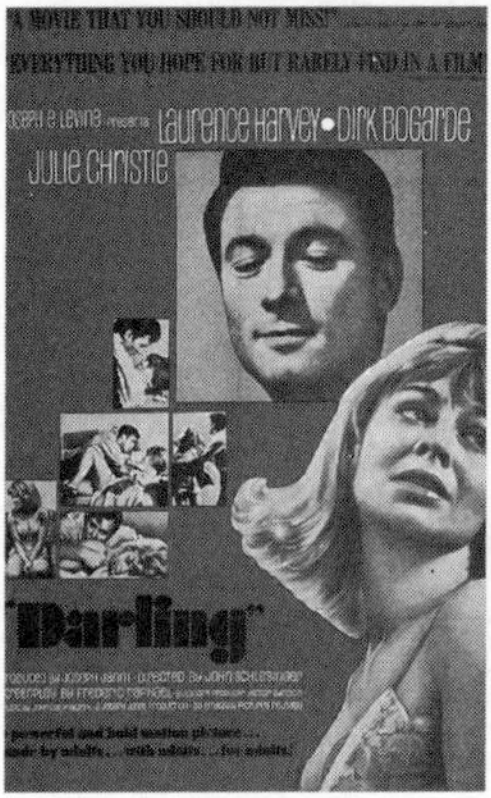

『ダーリング』（1965年）

『欲望』（1967年）

階級の神話」を象徴する俳優であり、この作品は彼の長いキャリアの跳躍点となる。その女性版ともいえるジョン・シュレシンジャー監督『ダーリング』（１９６５年）で、主人公ダイアナ・スコット役を演じたジュリー・クリスティはアカデミー主演女優賞を獲得した。

ただし、『アルフィー』も『ダーリング』も、「スウィンギング・ロンドン」の若者が謳歌する自由や「豊かさ」への憧れを誘うような内容の作品ではない。結局のところ、主人公は心の充足を得られないのだ。上昇と享楽を求めて男性遍歴を重ねるダイアナは、軽薄で性的に解放された「スウィンギング・ロンドン」の申し子のようだが、クリスティにいわせれば、「古風に堕落しているだけ」であった。なによりも印象づけられるのは「スウィンギング・ロンドン」に漂う虚無、シュレシンジャーのいう「ダイアナの生き方が引き寄せざるをえない孤独」なのである。「自己」をとりまく制約から自由になり、個人としての充足を得ようとする若者が抱え込むフラストレーションを描く点では、表面的な印象は違っても、ニューウェーヴ映画と通底する。

また、いささか皮肉なことに、まるで蜃気楼のような「スウィンギング・ロンドン」を最もスタイリッシュに、そして不条理劇的に活写したイギリス・イタリア合作映画『欲望』（１９６７年）の監督は、イタリアのミケランジェロ・アントニオーニであった。「愛の不毛」映画で一世を風靡《ふうび》した鬼才の視線も、たしかに虚無を見据えている。主人公の写真家のモデルはデイヴィッド・ベイリーである。

ジェームズ・ボンド

ニューウェーヴ映画にせよ「スウィンギング・ロンドン」ものにせよ、批評的にも商業的にもそれなりの成功を収めたが、1960年代のイギリス映画（アメリカ資本に依拠した英米合作だが）といって誰もが思い浮かべるのは、やはりジェームズ・ボンドのシリーズに他なるまい。『ドクター・ノオ』（1962年）、『ロシアより愛をこめて』（1963年）、『ゴールドフィンガー』（1964年）は各々の年の興行収入トップとなり、ビートルズに先んじてアメリカ市場をも「侵略」した。1960年代につくられたボンド映画は6本だが、周知の通り、今日なお新作が用意されている。

冷戦という背景はあるにせよ、ボンドが1960年代の観客にアピールしたのは、西側世界を守る凄腕のスパイとしてよりも（冷戦時代のスパイ小説の白眉とされるジョン・ル・カレ『寒い国から帰ってきたスパイ』は1963年刊、2年後に映画化される）、ブランド品を身に纏い、小道具満載の高級車に乗り、世界を飛び回ってカジノと美酒と美女を堪能する「豊かな社会」のエリートとしてであった。オリエンタリズム（非白人は専ら狂言回しか敵の手先）とセクシズム（女性はあくまでも「彩り」）は見紛うべくもない。そんなボンドを最初に演じたショーン・コネリーが、エディンバラの労働者家庭に生まれた「無階級の神話」のスターであったのは、いかにも1960年代的な現象である。

第2章　ビートルズの革命

1　労働者階級の英雄――ロックの時代

ロック――文化革命の中核

文化革命の最良の成果と見なされるべきは音楽である。1960年代を席巻した新しい音楽こそ、自分たちには自分たちの文化がある、というプライドを若者に与えるものであった。本章はビートルズを集中的にとりあげる。

音楽学者でもミュージシャンでもなく、ファンではあるがオタクというほどでもない者にとって、ビートルズを論ずるのは難しい。当然ながら、本書の行論に不可欠と思われる話に絞り込むが、その前に一段落だけ使って信仰告白をさせていただきたい。ビートルズから10曲を選べといわれたら、なにを選ぶか？　蛮勇をふるった結果は、こうなる。「アイ・ソー・ハー・スタンディング・ゼア」「シングズ・ウイ・セッド・トゥデイ」「ユー・キャント・ドゥー・ザット」「アイル・ビー・バック」「ドライヴ・マイ・カー」「ノーウェジアン・ウッド」「デイ・トリッパー」「タックスマン」「エリナー・リグビー」「アンド・ユア・バード・キャン・シング」「フォー・ノー・ワン」「シーズ・リーヴィング・ホーム」「ア・デイ・イン・ザ・ライフ」「セクシー・セディ」「ヘルター・スケルター」「ヘイ・ブルドッグ」「カム・トゥギャザー」「ユー・ネヴァー・ギヴ・ミー・ユア・マネー」「アイヴ・ガット・ア・フィーリング」「アクロス・ザ・ユニヴァース」……10曲はやはり無理、20曲にはなる。加えて、オリジナルではないが、「ロング・トール・サリー」もほしい。自分の好みを語るのはここまでにしよう。

第1章で述べたように、文化革命が文化のヒエラルキーを揺るがしたと考える場合、それに最も大きく貢献したのは音楽、とりわけロックである。なかでも他を圧して重要だったのがビートルズであることに、異論はないだろう。

ビートルズの四人、ジョン・レノン、ポール・マッカートニー、ジョージ・ハリスン、リンゴ・スターはいずれも第二次世界大戦中に生まれており、1960年代の「新しい貴族」の多くと同じく、自身がベビーブーマーだったわけではないが、彼らの音楽に最初に熱狂したのはベビーブーマーである。

ビートルズは、他の誰にも増して、ロックが芸術でありうることを実証し、クラシックのようなハイ・カルチャーが君臨するヒエラルキーに風穴を開けた。マッカートニーは自分たちがやっているのは「現代のクラシック音楽」だと述べたことがあるが、その意味するところはフーのマネージャーであったキット・ランバートの1970年の証言に示される。

音楽の境界線はまさに消滅しようとしている。クラシックの影響はポップによって吸収され、ポップの影響もクラシックによって吸収される。そして、私が考えるところ、より重要で新しい創造的な音楽をつくっているのはポップの方である。私には、いまこの瞬間に登場してきているクラシックのすぐれた作曲家は見当たらない。過去18ヵ月の間、立派な新しい交響曲もオペラも聴いていないのはたしかだ。思うに、駆動力は若い世代の手に移り、刺激はポップから生まれている。(*Mod!*)

音楽の革新の主導権はクラシックさえ創造的に吸収・消化したポップの側にある、ということであり、それを知らしめたのが絶頂期のビートルズのアルバムに他ならない。

ベートーヴェンがビートルズより価値があることを自明視するポール・ジョンソン(第1章)のような言い分は、段々と通用しなくなる。実際、1923年創刊の伝統あるクラシック音楽雑誌『グラモフォン』は65年からビートルズのアルバムを批評欄でとりあげるようになり、66年発売の『リヴォルヴァー』を「驚嘆すべき」と称えた。あるいは、フィラデルフィア管弦楽団での活躍で有名な指揮者レオポルド・ストコフスキーは、ビートルズのアメリカ初上陸の際、「人生において必ずしも見つかるとは限らないもの、すなわち、生きる歓び」を若者に伝える彼らの能力を称賛した。

「ベートーヴェン以来最高の作曲家」

ビートルズが1962年にレコード・デビューし、翌年にはビートルマニアと呼ばれる空前絶後の大熱狂を巻き起こした頃、彼らの音楽が好意的に論評されることはほとんどなかった。「ひどいサウンド、古臭いロックンロールの音量を大きくしただけ」(『デイリー・スケッチ』紙)といった調子で片づけられるのが通例で、ジャズ批評でも知られる20世紀最高の歴史家の一人エリック・ホブズボームも、1963年11月の時点で、ビートルズがつくっているのは「音楽」ではなく「サウンド」ないし「電気で増幅されたノイズ」にすぎないと評した。「彼らの魅力のほとんどは音楽とはまったく関係がな」く、「批評でとりあげる水準に達していない」。

1963年12月27日の『タイムズ』紙の記事(ウィリアム・マン執筆)は、教養層向けのいわゆる高級紙《クオリティ・ペイパー》がビートルズの芸術性を認めた最初の例とされる。マンは、「1963年のイングランドの傑出した作曲家はジョン・レノンとポール・マッカートニーである」と述べたばかりでなく、「ノット・ア・セカンド・タイム」の末尾のコード進行がマーラー『大地の歌』の終末部分と同じだと指摘した。さらに、この2日後の『サンデイ・タイムズ』紙は「ベートーヴェン以来最高の作曲家」との賛辞まで使った。

もちろん、こうした高い評価の浸透には時間がかかったが、特にビートルズがレコーディングに専念するようになる1966年以降、騒々しいだけの子どもだましだ、などと断って捨てることは難しくなる。ビートルズの圧倒的な達成を前に、批評の側がひれ伏すのである。1968年8月1日の『タイムズ』紙は、62〜67年に21曲のミリオンセラーを放ったレノンとマッカートニーが、「イギリスとアメリカの現代史において位置を占めることは確約されている」と断言した。

イギリスの作曲家ハワード・グッドールは、2013年刊の著書で以下のように述べる。

歴史上には、その作品が以降の音楽をすっかり変えてしまった作曲家がごくごくわずかに存在する。ベートーヴェンはそんな一人であり、ワーグナーもそうである。そして、後世の人々がこのえり抜きのランクにビートルズを加えることを私は確信する。彼らの音楽革命とスリリングな楽曲は、きわめて正当に、20世紀音楽の最良の栄光の一つと評価されるだろう。（*The Story of Music*）

受勲の衝撃

文化のヒエラルキーに激震を走らせたのが、1965年の受勲である。この年の6月12日、新しい時代を開拓する若々しく現代的な（つまり、ビートルズと重なる）イメージを売り物としていた首相ウィルソンは、外貨の獲得による経済への貢献とイギリス文化のアンバサダーとしての活躍を理由に、ビートルズにMBE勲章が授与されると発表した。

この発表には激しい反発の声が殺到し、元軍人をはじめ、「イギリス王室は私を阿呆の集団と同列に置いたのです」といった調子で、「価値が貶《おとし》められた」勲章の返納を申し出る者が続出、議会でも論争が起こった。第1章で言及したバーナード・レヴィンは「ビートルズが好まれるのはわれらの時代が衰退しているからだ」と決めつけ、ビートルズを「才能なし」と断じた劇作家・俳優ノエル・カワードは女王に苦言を呈した。

こうした反発を受けて、本書の冒頭で述べた通り、レノンは、人を殺すよりも楽しませたことで受勲するのは誇らしい、との趣旨のコメントを出した。彼の本音は、「勲章なんてものを信じている連中への当てつけ」として勲章をもらってみよう、ということであった。それでも、ビートルズの人気にあやかろうとするウィルソン政権の下心は明白だったとはいえ、騒音だ、女みたいな長髪だ、と大人たちが忌み嫌う「阿呆の集団」に勲章が与えられ、若者に人気のポピュラー音楽が顕彰されたことの意味はやはり小さくない。

授与式の当日（1965年10月26日）も、バッキンガム宮殿のトイレでマリファナを吸ったというのはレノンのホラである可能性が大きいにせよ、たとえば、「どれくらい一緒にやっているのか」との女王の問いにリンゴ・スターが「40年くらい」と返答したように、ビートルズ一流のほどよい行儀悪さ（後述）は失われなかった。レノンにいわせれば、「ありがた迷惑」な「茶番」にすぎなかったが（彼個人は1969年に返納する）、受勲によってポピュラー音楽の価値が認知され、ビートルズが単なる人気バンド以上の地位を得たことは事実である。

労働者階級の音楽

ロックンロールとロック、後者は前者の略語としても使われるが、本書では二つを区別したい。

一口にいえば、スリー・コード（ドミソ、ドファラ、シレソ）を基本とした単純なリズム&ブルースにカントリー&ウェスタンの要素を加えたものがロックンロール、この基本型にさまざまな音楽的要素（複雑なコード、変拍子、新しい楽器、など）を持ち込んだ進化型がロック、である。ロックンロールをベースにしながら、表現の可能性を飛躍的に拡大させ、芸術と呼びうる音楽にまでロックを練りあげた立役者がビートルズということになる。明確な境目があるわけではないが、1966年頃から、自分の音楽をロックンロールではなくロックと呼ぶミュージシャンが増える。

1950年代にイギリスに導入された当初から、ロックンロールは「労働者階級の音楽」と見なされた。テッズの間で最初に人気を博した経緯が、こうしたイメージを広めたのは間違いないだろう。たしかに、ロックンロールは、音楽教育を受けていない労働者階級の不良少年であっても、コードを三つ覚えれば真似事くらいはできる音楽だった。ブームを呼んだスキッフル・バンドは、いわばロックンロール入門の場であった。

また、エスタブリッシュメントを構成する批評家やジャーナリスト、政治家がロックンロールを一様に見下し、非白人向けの騒音だなどと決めつけたことも、イメージの定着に一役買った。常日頃から侮られがちな労働者階級が、これこそ自分たちの不満をぶつけるに相応しい音楽だと受けとめたのである。ロックンロールを売る側も、数の多い労働者階級の若者を惹きつけようと、「労働者階級の音楽」のイメージを強調した。

もちろん、労働者階級以外もロックンロールを聴き、演奏したという意味で、このイメージは正確ではない。だが、ロックンロールをあくまでも社会の下層から伝統的な権威に反抗する音楽と捉える発想は根強く、進化型としてのロックにも同様のイメージは色濃く投影された。1968年になってなお、著名な劇評家ケネス・タイナンはレノンとマッカートニーを「労働者階級のアーティスト」と呼んでいる。プレイヤーもリスナーも階級を強く意識していたのである。

英雄の資格

結果的に、ロックンロールやロックを演奏するミュージシャンは、本人が本当に反抗的だったか否かにかかわらず、文化のヒエラルキーに挑戦する「労働者階級の英雄」の役回りを担うこととなった。いうまでもなく、1960年代が生んだ最大の「労働者階級の英雄」がビートルズである。

リンゴ・スター以外の三人は、学歴にせよ居住環境にせよ、労働者階級というよりもむしろ下層中流階級に属したが、大事なのは厳密な階級的出自よりも、伝統や権威に歯向かう姿勢を貫いたかどうかの方であって、この点でいかにも自由にふるまうビートルズは英雄の資格充分だった。次のマッカートニーのことばは、自分たちが演ずべき英雄像を理解していたことを示すだろう。「なんというか、上品に喋ることを期待されていたんだが、僕たちはしなかったし、できなかった。したいとも思わなかった」。レノンには「労働者階級の英雄」（1970年）という曲もある。

ただし、「労働者階級の英雄」に求められたのは、エスタブリッシュメントに反抗してみせることだけではなかった。1960年代には労働者階級であることをクールと見なす発想もあったからである。『レディ・ステディ・ゴー！』のプレゼンター、キャシー・マガウアン（第1章）によれば、医者や弁護士の親よりも肉体労働者の親をもつことの方がクールだという風潮が広がり、「豊かな家庭出身のティーンエイジャーは、いつも馬鹿みたいに自分が労働者階級だと伝えたがる」ようになっていた。

また、1965年刊のベストセラー小説『ジョージー・ガール』で知られる労働者家庭出身のマーガレット・フォースターは、オクスフォード大学に在学していた頃、学生たちの憧憬の的になったという。公営住宅に住み、父親が工場労働者であることは、「本当にとてつもないステータス・シンボル」だった。

二人の証言を額面通りに受けとるのはナイーヴすぎるにしても、労働者階級の出自はもはや恥じるようなことではなく、魅力の源泉となりうる時代が来つつあった。そして、労働者階級的なクールさを体現する、という「英雄」の役割を果たすうえで、ヤンチャで頭の回転が速く、四人各々が異なる個性を発揮するビートルズは申し分なかった。率直な気持ちを小生意気かつお茶目にことばにすることを通じて、彼らはスマートで1960年代的な「労働者階級の英雄」の代表格となっていく。

もちろん、どんなに労働者階級のイメージを纏おうとも、成功とともに、彼らもセレブリティと交流するようになり、その価値観やテイストを受けいれることもあった。彼らの交友関係には、パブリック・スクール出身のロバート・フレイザー（第5章）やアンドルー・オールダム（ローリング・ストーンズのマネージャー）、インドの広大な紅茶プランテーションで育ったジュリー・クリスティ（第1章）、ウィーンの女男爵の娘マリアンヌ・フェイスフル（母方の祖先にマゾヒズムの起源となった『毛皮を着たヴィーナス』〈1871年〉の著者レオポルト・フォン・ザッハー＝マゾッホがいる）、といった人々が含まれ、ロンドン郊外に贅沢な邸宅を購入しもした。

ビートルズは階級闘争の闘士などではなかったわけだが、それでも、「労働者階級の英雄」のイメージは揺らがなかった。どんなに金持ちになろうが、支配的な価値観に抵抗する姿勢を示せれば、英雄の資格は充たされたからである。

二本のビートルズ映画を監督したリチャード・レスターはこう証言する。「ビートルズは階級を空高くに放り投げた。階級を嘲笑《あざわら》ってなきものにした。そして、私が思うに、彼らほど平等という気分を導きいれることに成功した者は他にいなかった」。

ツイッギーの次のことばは、ビートルズのインパクトを端的に伝えている。「ビートルズが壁を壊してくれた、階級の壁その他もろもろを。どんな階級に生まれついたかが本当に問題になるなんて、考えられない」。

ほどよい行儀悪さ

「労働者階級の英雄」のイメージにとって、ビートルズがイングランド北西部の港町リヴァプールの出身であったことには大きな意味がある。異文化に開かれ、対岸に位置するアイルランドからの移民を多く抱えるリヴァプールは（リンゴ・スター以外の三人はアイルランド系）、フットボールをはじめとする労働者階級文化の存在感が大きい都市だったからである。レノンはこう述懐する。

僕たちリヴァプール人は、南イングランドの連中から動物のように見下された〔中略〕リヴァプールにはアイルランド系の子孫や黒人、中国人がとても多く、他にもいろいろいた。そう、サンフランシスコのようだった。〔中略〕リヴァプールはコスモポリタンで、船員たちはブルースのレコードを船に積んで帰ってきたものだった。

（*The Beatles in Context*）

ビートルズはリヴァプールという「堆肥《たいひ》の山」が育んだ「奇妙な花」だ、などという論評もあった。ロンドンに拠点を移して以降も、四人はリヴァプール訛《なま》りをあえて隠そうとせず、お上品な洗練に背を向ける自分たちを印象づけた。

さらに、記者会見の席でたばこを吸い、機知に富んではいるが辛辣《しんらつ》なことば使いを好み、妻やガールフレンド以外とも性的関係を結び、「偉い」人々をからかうなど、彼らは「行儀よさ」から易々《やすやす》と逸脱してみせた。エリザベス皇太后やマーガレット王女が臨席したロイアル・ヴァラエティ・ショー（1963年11月4日）でのレノンの発言は、最も有名な例の一つだろう。「安い席の皆さんは、手拍子をとってください。そうじゃない席の皆さんは、宝石をじゃらじゃらさせるんで結構です」。上手に笑いをとりつつエリートの虚飾を当てこすって、敬譲の態度から距離をとったのである。

幅広い層に受けいれられるようにと、マネージャーのブライアン・エプスタインが彼らを小綺麗にしたことは事実である。服装をレザー・ジャケットとデニムから襟なしのスーツに、髪型をリーゼントからモップトップ（いわゆるマッシュルーム・カット、フランスでは実存主義志向を、ドイツでは反ナチを含意した）に変え、ステージ上での飲酒・喫煙を禁じて、テッズないしロッカーズ風からモッズ風へとイメージを転換させたのである。だからこそ、彼らは「モッカーズ」と自称したりもした。

ビートルズとエリザベス皇太后，ロイアル・ヴァラエティ・ショーで，1963年11月４日

これをある種の去勢と見ることもできるが、レノンの言い分はこうであった。「いいよ、スーツを着よう。金がもらえるなら、風船だって着るさ。そこまでレザーが好きっていうわけじゃないんだ」。肝心なのは、少々小綺麗にされたところで、「リヴァプール出身の労働者」というイメージは変わらなかったことである。

エスタブリッシュメントに逆らうポーズが大事であることは、エプスタインも理解していた。ある程度はマナーに従っていても、権威や因習や偽善を嘲《あざけ》り、本

レコード・デビュー前のヤンチャなビートルズ

小綺麗にされ，きちんとお辞儀するデビュー後のビートルズ

音をあっけらかんと語ってみせるエッジの効いた態度こそが、彼らの魅力の源泉であった。従来の「つくられたスター」にはなかったほどよい行儀悪さである。

原爆、ヴェトナム戦争、人種問題

1966年6～7月の来日公演の記者会見では、名誉と財産を得た次に望むものはとの問いに「平和」と答え、原爆とヴェトナム戦争への反対も口にした。政治的にデリケートな話題について喋ることを抑えてきたエプスタインが1967年8月に死亡すると、ヴェトナム戦争は「狂気の沙汰」だと言い切るようになる。アメリカには徴兵制があったとはいえ、唯々諾々と兵役に就いたエルヴィス・プレスリーとの対比は鮮明であった。

また、1964年2月のアメリカ初上陸早々の記者会見で黒人音楽へのリスペクトを表明したのも、簡単にできることではなかっただろう。同年9月には、観客の人種隔離を当然としていたフロリダ州ジャクソンヴィルでの演奏を拒否し、隔離を撤回させた。公民権運動を支持する姿勢をはっきりと見せたのである。

こうした話題に限らず、尊大な質問を投げかけるジャーナリストを見事な機転で翻弄する姿は、ビートルズがマニュアル通りのアイドルではないことを雄弁に物語った。凡庸そのもののハリウッド映画で使い尽くされてしまうプレスリーとは違うのだ。絶大な人気を背景に、多くの人々に耳を傾けさせ、彼らの心に響くことばを発した「労働者階級の英雄」がビートルズであった。

「キリストより人気がある」

彼らのほどよい行儀悪さは、「許容する社会」（第4章）に移行しつつあったイギリスではさして問題視されなかった。世が世なら不敬を咎《とが》められたかもしれない「宝石をじゃらじゃら」発言も、罪のないジョークと受けとめられて、人気をむしろ押し上げた。タブロイド紙

「ビートルズの焼却こちら」の立て札

『デイリー・ミラー』はこう報じる。「皇太后は楽しそうに微笑み、他の聴衆と一緒に手拍子をとった。昨夜、誰もがビートルズを愛したのだ、イェー、イェー、イェー」。1964年3月にエディンバラ公（女王の夫）から表彰を受ける際、レノンとマッカートニーはフォーマル・スーツ着用の要請に従わなかったが、それが物議を醸すこともなかった。

　しかしながら、アメリカとなると話が違ってくる。喝采を送るファンがいた一方で、ビートルズを敵視する保守層も分厚く、特に宗教保守が幅を利かす南部では深刻なトラブルが起こった。有名なのが、「僕らはキリストより人気《ポピュラー》がある」というレノンの発言をめぐる騒動である。

　この発言が1966年3月4日にロンドンの夕刊紙『イヴニング・スタンダード』に掲載されたとき、イギリスでは目立った反発は起こらなかった。「イエスの時代の人気投票でも、彼よりバラバ〔キリストの処刑に伴い赦免された囚人〕の方が人気があった」、と述べる聖職者までいたくらいである。

　ところが、5ヵ月後にアメリカの雑誌『ティーン・デートブック』に発言が引用されると、南部を中心に、放送禁止や不買運動、レコードの焼却のような激しい抗議活動が起こった

（放送禁止は南アフリカ、オランダ、スペイン、などにも波及）。白人至上主義団体クー・クラックス・クランがビートルズの人形を燃やし、暗殺や爆破の脅迫が届く、などという事態になったため、結局、レノンは不本意な釈明を余儀なくされる。

また、フィリピンでは、マルコス大統領夫人イメルダ主催の席に出向かなかったことが「国の名誉を傷つけた」との批判を惹起《じゃっき》し、ビートルズが身の危険を感じるほど激しい暴動が生じた。日本でも、保守言論人が由緒正しき武道館を安っぽい芸人に使わせるなと主張し、右翼の抗議行動もあったため、公演の際には空前の厳戒態勢が敷かれた。

こうした意味で、ビートルズは１９６０年代のイギリスという特有の条件の下で育まれたバンドだったといえる。ただし、「許容する社会」へのバックラッシュ（第5章）の台頭とともに、たとえば、ＬＳＤ摂取やチャーチルはヒトラーに劣らず残忍だったというレノンの発言をめぐって、ビートルズにも批判が加えられるようになる。

2　ロックの革命——実験工房としてのビートルズ

音楽の実験——表現の探求

ビートルズは、社会現象としてでも「国際収支の均衡」に貢献する「わが国最高の輸出品」（首相ダグラス＝ヒューム）としてでもなく、まずなによりも音楽的達成で評価されるべきである。文化の名に値しないと見なされていたロックンロールをベースにしながら、表現の可能性を徹底的に探究することを通じて、芸術と評すに相応《ふさわ》しい音楽にまでロックを進化させたこと、ビートルズが成し遂げた音楽的な革命の核心はここにある。

ブラスやシタールを入れようが、変拍子や奇抜なコード進行を使おうが、前衛音楽的に加工しようが、あるいは、「エリナー・リグビー」のようにメンバーの誰一人として楽器を演奏していなかろうが、ビートルズの作品はまごうかたなきロックとして受容された。つまり、「なんでもあり」であるにもかかわらずロックとしか呼びようのない音楽が誕生したのであり、その中心的な現場は、後段で述べる通り、レコーディング・スタジオであった。

「少し芸術的な方向に進みたいという潜在的な野心があり、それが他のグループと違うところだった」、とはマッカートニーのことばだが、瞠目《どうもく》すべきはビートルズの音楽が短期間で信じられないほど変化したこと、しかも、それを人気バンドの地位を保ちつつ行ったことである。他の追随を許さぬ人気を誇り、似たような曲を連発するだけでいくらでも稼げたにもかかわらず、彼らはアイドルの座に甘んじることなく、クリエイティヴな好奇心を全開にして音楽的な能力を高め、実験を繰り返して、自分たちのテイストの方へと聴き手を導いた。次はどんな新しい音楽を聴かせてくれるのか、と心待ちにするファンさえつくることができたのである。つまり、ビートルズは聴き手の予想を裏切りながら期待を裏切らず、自分たちの成功に縛られるのではなくそれを活用した、まさに稀有なバンドであった。

もちろん、初期のような曲をいつまでも求める聴き手もいたが、変化への困惑の声にレノンはこう応えている。「昔の僕らのレコードを買ってくれた人たちには、わかってもらわなきゃいけない。同じような曲を永遠にやりつづけることはできないんだ。僕らは変わらねばならない」。

ビートルズの音楽にあまりにも馴染んでしまったいまでは想像しにくいが、彼らが飽くことなく追求した音楽の実験は、拒絶反応を誘っても不思議でないくらい新奇に同時代の聴き手には響いたはずである。変わることを恐れず、冒険を厭《いと》わなかったからこそ、ビートルズは繰り返し聴くに足る作品を数多く残すことができた。そして、人気バンドだったがゆえに、彼らの実験は多くの人々の耳に届き、たとえば前衛音楽にはありえなかったほどの影響を及ぼした。

進化の胎動

ビートルズの音楽的進化を、アルバムに即して追ってみよう。

楽曲やアレンジの複雑化・高度化の兆しがはっきりと見えてくるのは、12弦ギターが鳴らす奇妙なコードとともに始まる初の全曲オリジナル・アルバム『ア・ハード・デイズ・ナイト』（1964年）からだろう。特に「イフ・アイ・フェル」の冒頭の類例なきコード進行（Dのキーの曲がE♭m→D→D♭→B♭m7→E♭m→D→Em7→A7→Dで始まる）は、彼らが実現していく飛躍を予感させるに充分である。

『ヘルプ！』（1965年）に収録された「イエスタデイ」は誰もが知る稀代の名曲だが、特に二つの意味で重要である。

第一に、この曲を筆頭に、「アンド・アイ・ラヴ・ハー」「ミッシェル」「ヒア・ゼア・アンド・エヴリホエア」「ヘイ・ジュード」「レット・イット・ビー」といったスタンダードとして定着する曲が、ロックなど聴こうとも思わなかった音楽好きを引き寄せ、単なるアイドルとも呼べないくらい音楽的に秀でているではないか、といった評価を広げたことである。これだけの数のスタンダードを送り出すのは、ビートルズ（多くはマッカートニーによる）にしかできない芸当であった。

第二に、ギターの弾き語りにストリングスを組み合わせるだけでもすぐれた成果になることがわかり、いわばロックンロールの呪縛《じゅばく》から解放されたことである（バンドのイメージに合わないからとシングル・カットされなかったが）。有能なプロデューサーとしてビートルズの進化に欠かせない存在だった「五人目のビートル」＝ジョージ・マーティンによれば、「イエスタデイ」を転機として、彼らは実験に積極的になる。

『ラバー・ソウル』

マーティンが「成長を遂げる新しいビートルズを世界に見せた最初のアルバム」と呼ぶの

が『ラバー・ソウル』（1965年）であり、このアルバムから始まるのは、ライヴでの再現可能性を度外視したスタジオ内実験の追求である。急速に発達しつつあった録音技術や電子楽器をフルに活用するレコーディング・グループとしての性格を強めたのである。

人気アイドルとも思えぬ「歪んだ」ジャケットが示唆する通り、収められた楽曲にもかつてなかった捻じれのようなものが加えられ、単純なラヴ・ソングからはほど遠い。マッカートニーはいう。「20歳になって15歳の歌を歌っているわけにはいかない。20歳は15歳と同じようには考えないんだから」。

『ラバー・ソウル』ジャケット，1965年

傑作目白押しのなかでもひときわ抜きんでた「ノーウェジアン・ウッド」を例にとれば、この曲が描くのは、1960年代に進展した性的モラルの変容（第4章）を背景とした、どこか虚無的な男女の駆け引きである。シタールが初めて使われた曲として有名だが、それ以上に特筆されるべきは、イントロ、間奏、アウトロを含め、全曲を二つのモード（旋法）的なメロディのみで構成するエコノミカルな作曲術だろう。シェーンベルクがブラームスを論ずる際に指摘した「節約、それでいて豊かであること」を想起させるものがある。

『リヴォルヴァー』

つづく『リヴォルヴァー』（1966年）は最高傑作と評したいほど充実したアルバムであり、「ロックンロールから芸術的営みへの発展において鍵を握る作品」（『ニューヨーク・タイムズ』紙のリチャード・ゴールドスタイン）といえる。また、孤独な死を迎える女性、ドラッグを処方するいかがわしい医師、情け容赦ない徴税官、など、とりあげられる題材も様変わりしている。

このアルバムでなにより印象的なのは、音楽表現の幅の拡張である。スタジオでしか実現できないギミックやコラージュを駆使した、「いままで誰も〔中略〕表現したことのないサウンド」（マッカートニー）である。ライヴに行けない人々のための次善策、ないし保存の容器と考えられてきたレコードは、いまやそれ自体が独自の価値をもつ音楽表現の媒体となったのだ。ちなみに、さらに大胆なギミックとコラージュの活用でジャズ史に大転換を画すのが、マイルス・デイヴィス『ビッチェズ・ブリュー』（1970年）である。

LSDによる幻覚の気配が漂うこのアルバムを象徴する「トゥモロウ・ネヴァー・ノウズ」は、次の二点で突出している。

第一に、LSD摂取によるサイケデリック体験を通じた自己洞察を提唱していた元ハーヴァード大学教員の心理学者ティモシー・リアリーにインスパイアされた歌詞（「考えるのをやめ、力を抜いて流れに身を任せよ、死んでいくのではない」〈レノン&マッカートニー〉と始まる）が、ＬＳＤのもたらす生と死の間《あわい》を行きつ戻りつするような感覚（「輝く空虚」）を直接的に歌っていることである。レノンは「ダライ・ラマが遠くの山のてっぺんから説法しているような」サウンドを求めたというが、まさにこの曲の彼は、これまでの自分を捨て、精神のもっと奥深くを覗き込んで内なる意味を探るようにと聴き手に説く教祖であった（メガホンを使った活動家の演説のようにも響く）。キリスト教の凋落が進む時代の教祖は手がかりを東洋に求めたのであり、この系列の到達点が歌詞にマントラを組み込んだ「アクロス・ザ・ユニヴァース」だろう。１９８０年12月8日に狂信的なファンが放った凶弾に倒れることになるのも、レノンが教祖だったためかもしれない。

『リヴォルヴァー』ジャケット，1966年

　第二に、シンセサイザーの普及に先立って、しかも、進歩していたとはいえ録音機材にも限界があるなかで、きわめて大胆なサウンド・エフェクトが施されていることである。テープループ（特定の音を繰り返す編集テープ）によるノイズは、幻覚を音にしている。そんな歌詞とサウンド・エフェクトに相応しく、タンブーラの持続低音に導かれた曲はたった二つのコード（ＣとC_{11}）の間を浮遊するが、この世ならぬ響きはのちのパンクを予感させる刺々《とげとげ》しさを孕《はら》んでもいる。

シェーンベルク曰く、「音楽における進歩は表現方法の発達によってもたらされる」。新しい響きを不断に導入し、それを処理する手法を洗練させて、音楽表現の幅を拡張する、という王道をビートルズは進んだのである。

「イェー、イェー、イェー」と歌い頭を振ってファンを失神させていたアイドルは、そのほんの数年後には未踏の領域を開拓する冒険的なアーティストになっていた。その音楽はもはや踊るため、嬌声《きょうせい》をあげるためのものではなく、傾聴の対象であった。そして、彼らの冒険は『リヴォルヴァー』をもって終息したわけではなかった。

ライヴからレコードへ

ビートルズが「表現方法の発達」を実現する最も重要な場となったのは、レコーディング・スタジオであった。

ビートルズのレコード・デビューから解散までの時期（1962〜70年）、メイン・ターゲットである若者が多少とも「豊か」になり、自由時間も増えたことによって、レコードの需要は爆発的に拡大した。廉価《れんか》なポータブル・プレイヤーが普及したことも見逃せない。音楽業界の主たる収入源はコンサートからレコードに移っていくのだが、これに先鞭をつけたのも、1966年にライヴ・ツアーを放棄し、レコーディングに専念したビートルズであった。

当時の音楽業界の常識では、ツアーからの撤退はそのまま引退ともとれるほど重大な決断であった。ファンに追いかけ回される人気者でありながら、レコード会社やマネージャーの指図通りに動く出来合いのアイドルとは一線を画していた四人だからこそ、可能だったことである。

1966年8月29日のサンフランシスコにおける最後のコンサートの頃には、ツアーによる収入は空前の額に達していたが、ニューヨークのシェイ・スタジアムであれ東京の武道館であれ、およそコンサートに適さない、まともなPAシステムさえ備えていない巨大な会場での演奏は音楽的には不毛の極みであった。泣き叫ぶばかりで歌など聴いていない客を前にお決まりのセット・リストを繰り返すことに辟易《へきえき》としていたビートルズにとって天祐となったのが、レコードのマーケットの急拡大であった。ツアーをやめても充分に儲かる状況が生まれてきていた。

ツアーとの訣別により創作に使える時間が大幅に増え、スタジオ・ワークに余裕をもって臨めるようになったことで、彼らの創造力はかつてない高みに達する。「他の誰でもない、人間としての僕自身に応答する」（レノン）音楽をつくる条件が整ったのである。ビートルズの最高の芸術的達成は、レコードとして具体化された。彼らは史上初のレコーディング・アーティスト、レコードでのみ可能な芸術をつくるバンドであった。

20世紀の二大音楽革命

レコードという音楽表現の媒体の開拓は、文化革命の時代状況とも共振する。コンサートに行く余裕がない者でも手を出せるレコードが真正な音楽体験の媒体となり、ビートルズの新しい音楽がより多くの人々に届けられたからである。この点は、オートクチュールではなく既製服が牽引したファッションの革命と重なる。

たとえば、ラファエロやピカソをどれほど上質な画集で眺めても、それはしょせん疑似体験である。美術館で実物を観る場合も、作品がもともと置かれるはずだった場から切り離されているという問題は残る。となると、カラヴァッジョを真正に体験したければローマなりヴァレッタ（マルタ）なりまで足を運ぶ必要があるわけだが、これはほんの少数の者にしかできないことだ。

逆に、ツアー撤退後のビートルズのレコードを聴くことは、決してコンサートの疑似体験ではない。レコードでしか聴けない芸術に触れる、アーティストの真骨頂に接する真正な体験である（これをライヴで聴けたら、という渇望は禁じえないにせよ）。クラシックやジャズの場合、レコードとライヴの関係はまた違うのだろうが（伝説的ピアニスト、グレン・グールドは一足早く1964年にコンサートをやめている）、少なくともレコーディング・グループとなってからのビートルズに関する限り、プレイヤーで再生されるときが彼らの芸術が披露される瞬間に他ならない。

これから論じる『サージェント・ペパーズ・ロンリー・ハーツ・クラブ・バンド』（1967年）は、20世紀の二大音楽革命の一つを成し遂げた作品といえる。もう一つは、リズムの一定性という前提を崩し、予定調和的ではない時間感覚を音楽に持ち込んだストラヴィンスキー『春の祭典』である（シェーンベルクによる調性の破壊と十二音技法の導入は敗北した革命か？）。しかも、1913年5月29日に『春の祭典』の初演が乱闘騒ぎのスキャンダルを引き起こした場が、パリのシャンゼリゼ劇場というエリートの空間であったのとは対照的に、『サージェント・ペパーズ』は発売から1週間で25万枚、現在までで3200万枚を売り、文字通り世界の津々浦々に届いた。ビートルズの革命はいわば世界革命たりえたのだ。

『サージェント・ペパーズ・ロンリー・ハーツ・クラブ・バンド』

ピカソ《ゲルニカ》に比する声もあったように、『サージェント・ペパーズ』への賛辞は枚挙に暇がない。劇評家ケネス・タイナンは「西洋文明史上の決定的瞬間」とさえ呼び、身内ではあるが、ジョージ・マーティンは「これまでに類を見ないまったく新しいもの」「正当な芸術のかたちとして歴史の評価に耐えうるもの」と称えた。音楽学者・作曲家ウィルフリッド・メラーズは、「かつては巨大だったシリアスな芸術とポピュラーな芸術のギャップ」が「姿勢においても芸術性においても狭《せば》まっている」ことを確信したという。

たしかに、『サージェント・ペパーズ』は20世紀の文化的記念碑であり、以降の音楽のあ

『サージェント・ペパーズ』ジャケット，1967年

り方を決定的に方向づけた。このアルバムを残さなかったなら、どれほど「アンド・アイ・ラヴ・ハー」や「ヘイ・ジュード」が愛唱されようが、どれほど「シー・ラヴズ・ユー」や「オール・マイ・ラヴィング」が青春時代へのノスタルジーを刺激しようが、ビートルズが現在も占める別格の地位に就くことはなかったはずである。

このアルバムの価値をあえて一口で要約するなら、それはロックが実現しうる芸術性を突き詰め、レコードのかたちで未踏の境地を具体化したことにある。ロック・ミュージシャンはここまで芸術を追求すべきなのだ、と範を垂れたわけである。ビートルズの創造力は『サージェント・ペパーズ』でピークを極めた。さきに紹介した、自分たちは「現代のクラシック音楽」をつくっている、というマッカートニーの発言は、芸術としてのロックの自己主張なのである。そして、この圧倒的な達成は、エスタブリッシュメントのメディアを含めて広く芸術として受けとめられるとともに、そもそも芸術とはなにかについての根本的な再考を促すことになる。革命が果たされたのである。

マッカートニーはシュトックハウゼンやベリオの前衛音楽への強い関心を口にし、彼らの「目も耳も開いてくれるような音楽」を称賛した。「僕自身は、人が前にも聴いたことがあるようなサウンドをやりつづけることにはうんざりしている」。前衛音楽にインスパイアされているだけに、『サージェント・ペパーズ』には難解なところがある。提供される音楽は誰にでもとっつきやすいものではないのだが、にもかかわらず、『ビルボード』誌のチャート1位を15週にわたり占める大ヒットとなった。芸術性や実験性の追求が娯楽性の否定を意味しがちであるという20世紀の音楽につきまとうジレンマは、ビートルズには該当せず、彼らは盤石の人気を保った。ここで重要だったのが、「ビーイング・フォー・ザ・ベネフィット・オヴ・ミスター・カイト」が端的な例になるように、ミュージック・ホール的な古い音楽への目配りを怠《おこた》っていないことだろう。

また、ちょうどカウンターカルチャー（第1章）の台頭とタイミングが重なったことも、後押しとなった。『タイム』誌によれば、「サイケデリック・サウンドの先駆者であり、最新アルバム『サージェント・ペパーズ・ロンリー・ハーツ・クラブ・バンド』によって再び最前線に立った」ビートルズは、「ヒッピーの世界の大いなる流行の仕掛け人」であった。『サージェント・ペパーズ』は「サマー・オヴ・ラヴ」のシンボルとなる。

トータル・アルバム

このアルバムの設定は意表をついている。架空のバンド＝サージェント・ペパーズ・ロンリー・ハーツ・クラブ・バンドが主宰するヴァラエティ・ショーを収めたアルバム、という設定である。アルバムを聴き通すことによってショーを体験できるわけであり、換言すれば、最初から最後まで聴かない者には、ビートルズの意図が十全には伝わらない。好きな曲だけでなくアルバム全体を聴け（交響曲の第二楽章だけを聴いたりしないように）、これがメッセージである。

一つか二つのヒット曲に埋め草を足せばアルバムが出来上がる、という音楽業界の通念に根底的な異議が申し立てられたことになる。『サージェント・ペパーズ』からのシングル・カットは皆無、たしかにヒットしそうな曲は見当たらない。忌憚《きたん》なくいえば、『ラバー・ソウル』や『リヴォルヴァー』の方が魅力のある曲を多く収録している。つまり、個々の曲というよりも、それらが連作歌曲のように（『タイムズ』紙のウィリアム・マンはシューマン『詩人の恋』にたとえた）寄り集まった全体が素晴らしい、このアルバムの著しい特徴はここにある。『サージェント・ペパーズ』の大ヒットは、ヒット・シングルなしでもアルバムが売れる時代の到来を告げた。

『サージェント・ペパーズ』は、近現代史上の著名人を勢揃いさせた画期的なジャケットも含めて、アルバム全体が一つの芸術をなす作品のさきがけともなった。冠せられたことばが「トータル・アルバム」、あるいは、特定のテーマや物語が貫かれているという意味での「コンセプト・アルバム」である。

全体で40分程度になるアルバムには、3分前後のシングルに比べて、より積極的にミュージシャンの表現欲求を盛り込むことができる。アーティストの自覚を強めつつあったミュージシャンにとって、アルバム全体を表現の単位にしようというトータル・アルバムの発想は魅力的であり、『ゼア・サタニック・マジェスティズ・リクエスト』（1967年）でさっそく模倣したローリング・ストーンズをはじめ、多くのミュージシャンがトータル・アルバムを制作するようになる。傑出した成果がフーの二つのロック・オペラ、『トミー』（1969年）と『四重人格』（1973年）である。若きアンドルー・ロイド・ウェバーの傑作『ジーザス・クライスト・スーパースター』（1970年）も、この系列に位置づけうる。

アルバムはシングルより大きな収益をもたらす。『サージェント・ペパーズ』がきっかけとなって、レコード会社もシングルからアルバムへと重点を移し、1964年に3対1だったシングルとアルバムの売り上げ枚数の比率は、68年にはほぼ互角になる。

とはいえ、安価なプレイヤーの普及はあったにせよ、特に若者にとって、やはりアルバムはシングルほど気軽には買えない商品であった。しかも、アルバムを重視する傾向は芸術志向の強まりと軌を一にしており、ロックが「労働者階級の音楽」というイメージから、ロック・ミュージシャンが「労働者階級の英雄」というイメージから、離れはじめたことは否めない。『サージェント・ペパーズ』の大ヒットの陰で、デビュー以来のビートルズを支えてきた労働者階級の若者から、相対的に富裕な芸術好きのインテリへと、中核的なファン層の移行が起きていた。

ビートルズという「労働者階級の英雄」によるロックの作品が、「労働者階級の音楽」を嫌ってきた人々にも芸術として受けいれられるに至ったわけだが、同時に年来のファンが離れていくのは避けがたかった。「ストロベリー・フィールズ・フォーエヴァー」と「ペニー・レイン」を組み合わせたビートルズのキャリアを通じて最強のシングル（1967年）が、「プリーズ・プリーズ・ミー」（1963年）以来すべてのシングルが獲得してきたチャート1位を逃したのは、両A面が人気を二分したためであると同時に、アルバムを好みシングルを買おうとしないファンが増えていたためと考えられる。

「シーズ・リーヴィング・ホーム」

「僕たちであることをやめ、第二の自分をつくろう」というマッカートニーの発案に沿って、架空のサージェント・ペパーズ・ロンリー・ハーツ・クラブ・バンドになりすまし、「ビートルズを演ずる」縛りから解放されたビートルズは、従来にも増して斬新なアイデアを『サージェント・ペパーズ』に詰め込んだ。ここでは二曲とりあげよう。

まず、少女の家出を歌う「シーズ・リーヴィング・ホーム」。ありきたりなところが微塵《みじん》もない、痛切な喪失感を漂わせるメロディといい、洗練されたストリングスのアレンジといい、共感を保ちつつ決して感傷的にならない歌詞といい、逸品の名に恥じない。家を出て貧しくても自立しようと歩を進める少女を三人称で淡々と、ほんのわずかに直接話法を交えながら叙述するマッカートニーの主旋律に、両親の嘆きを一人称で歌うレノンの声が対位法的に重なり、ジェネレーション・ギャップが絶妙に表現される。苦しい家計をやりくりしながら娘に精一杯のことをしてきたと自負し、彼女がなぜ家出したのか理解できない両親は、「お金で買えるものはすべて与えたのに」（レノン&マッカートニー）などと繰り返すばかりで（最後には「楽しみはお金では買えない」と述べるが）、ささやかな「豊かさ」への安住を拒み、自己充足を求める娘との間にくっきりとしたコントラストをなす。

親子の断絶を促す、家族を崩壊させる、といった批判があった一方、ティーンエイジャーの娘を親が「ベイビー」と呼んでしまうような俗物的な環境からの女性の自立をシンボライズする曲として、フェミニズムの聖歌ともなった。思えば、かつてのビートルマニアにしても、コンサートで泣き叫び、警官の制止を振り切って一目でも姿を見ようとビートルズに殺到した少女たちは、ほんの一時だが「よい子（娘）」であることをやめ、女性に課せられる制約からの自由と解放を味わっていたのである。もちろん、『キャシー・カム・ホーム』（第1章）が容赦なく描いた通り、家出の先に自立が待っている保証はなく、この曲もそこはかとない寂寥《せきりょう》感を帯びる。

「ア・デイ・イン・ザ・ライフ」

『サージェント・ペパーズ』が金字塔たりうるのは、アルバムの最後にヴァラエティ・ショーのアンコール曲＝「ア・デイ・イン・ザ・ライフ」が置かれているからに他ならない。この曲がなかったら、意欲的な実験だが大成功でもない、というあたりに、『サージェント・ペパーズ』の評価は落ち着いていたかもしれない。ビートルズが生み出した最も重要かつ完成度の高い、疑いもなく歴史に刻まれる曲である。

この曲は、レノンによる主部にマッカートニーの中間部を接《つ》ぎ木するかたちで構成されている。マッカートニーのアイデアに基づくアルバムだったためか、ジャケットのレノンはどことなく所在なげに見えるが、そんな彼が、アルバムの価値を決定づける曲を主導したわけである。そして、この曲の神髄は１９６０年代という時代をこれ以上なく的確かつ独創的に、その先を見据えて表現していることにある。

歌詞がまずとりあげるのは実話、「スウィンギング・ロンドン」の社交生活の著名人にしてビートルズの友人でもあったギネス家の御曹司タラ・ブラウンの事故死（１９６６年12月17日、アルコールとドラッグを摂取したうえでロータス・エランを運転して事故を起こし、翌日に21歳で死亡）である。「なんともはや」「思わず笑ってしまった」などと、レノンは醒めた調子で事故を報じる新聞記事を語る。事故現場に詰めかけた群衆にしても怖いもの見たさの野次馬であって、悲劇に心を痛めているわけではない。

飛び跳ねるような中間部でマッカートニーが描く忙《せわ》しない都市生活と合わせて、この曲はビートルズがまさにその主役であった「スウィンギング・ロンドン」の喧騒《けんそう》と兆しはじめた黄昏を歌うのである。事故死につづけて言及されるのが、レノンが出演した戦争風刺映画、リチャード・レスター監督『僕の戦争』（1967年）であり、文字通りの「豊かな社会」の陥穽（第3章）＝イングランド北西部ブラックバーンの道路に開いた4000もの穴である。

歌詞の焦点はI'd love to turn you on（レノン&マッカートニー）、君を興奮させたい、覚醒させたい、（性的に）その気にさせたい、くらいに訳せるが、明らかにドラッグが含意され、BBCは放送禁止措置をとった。聴き手が促されるのは、ドラッグを媒介とする精神世界の拡張を通じて、消費主義や物質主義、戦争、薄っぺらな「豊かさ」、のような現実を批判する視座を獲得し、それを超克することだろう。「スウィンギング・ロンドン」への惑溺《わくでき》を拒否するカウンターカルチャーからの呼びかけといってよい。カウンターカルチャーのキャッチフレーズは、turn on, tune in, drop outであった。

クライマックスはturn you on（レノン&マッカートニー）の歌詞につづく異様に混沌としたオーケストラのグリッサンド（一音ずつ区切らず連続的に音程を上昇させる）、この曲を通常の傑作とは桁違いの作品とする決定的な部分である。シュトックハウゼンからインスピレーションを得たマッカートニーの発案らしいが、表現されているのはドラッグ服用後に訪れる猛烈な快感・高揚感である。

「なにもないところ」から「世界の終りのようなところ」まで盛り上げる、というレノンの要望に応え、オーケストラは二四小節を費やして各々の楽器の最低音から最後はEメイジャー構成音のうち最高音に一番近い音程へと、最大限のクレッシェンドをかけながら不揃いに上昇する。いわばハイ・カルチャーの砦であるオーケストラをロックの側が好き放題に振り回し、ヒエラルキーが転倒した瞬間ともいえよう。

　オーケストラのグリッサンドを指揮するマッカートニー、レノン、マーティンを描いたクラウス・フォアマンのスケッチを掲げておこう。ドイツ人の画家、有能なベーシストでもあったフォアマンは、下積み時代のビートルズと1960年にハンブルクで知り合い、長年にわたる交友関係を築いた。彼の名を知らしめたのが、グラミー賞のベスト・デザイン賞に輝いた『リヴォルヴァー』のジャケット・デザイン（89頁）である。「ア・デイ・イン・ザ・ライフ」のグリッサンドの部分の録音現場に居合わせたフォアマンのいたずら書き的なスケッチからは、意図したサウンドを引き出すべく、当惑気味のオーケストラを煽り立てるレノンとマッカートニー、破綻させまいと懸命に指揮棒を振るマーティンの様子が、生き生きと伝わってくる。

クラウス・フォアマンのスケッチ

グリッサンドにつづくのが、「世界の終り」を告げるかのようなピアノ三台によるEメイジャーの強打であり、延々とつづくその残響は核爆弾のきのこ雲を想起させる。それはまた、ドラッグによる快感・高揚感を突き抜けて到達したもう一つの「現実」が広がる瞬間でもあるだろう。ドラッグがもたらす幻覚が、虚飾や暴力にまみれた眼前の現実とは違う新しい「現実」を認識させるのである。新聞を読み、バスの二階で一服する、なんの変哲もない普通の一日《ア・デイ・イン・ザ・ライフ》のなかに新しい「現実」への手がかりを見出せ、という呼びかけの迫力にはことばを失う。

余計なことを付け加えるなら、きわめて前衛的なグリッサンドが聴き手を拒む不協和音ではなく、ある種の解決を感じさせる協和音に帰着するあたりに、ビートルズが人気を保った秘訣があるのかもしれない。

スタジオ内実験の最高到達点ともいうべきグリッサンドの他にも指摘しておくべきは、レノンとマッカートニーが別々につくった二つの曲を一つにまとめたマーティンの驚異的アレンジだろう。特に中間部から主部に戻るつなぎの展開は自在であり、この部分もドラッグ体験を音にしている。

『サージェント・ペパーズ』のアメリカ発売のわずか4日後、ジャズ・ギターの達人ウエス・モンゴメリーがこの曲をレコーディングしている。無理を押してでも演奏したかったのだろう。衝撃の強さを傍証するエピソードといえる。文字通り破格の曲である。

3 1960年代を歌い、超える——なぜ別格か？

「新しい黄金のルネッサンス」

『サージェント・ペパーズ』以降もビートルズは充実した音楽を発表しつづけるが、しかし、ピークがここにあったことは否めない。その後の作品からは一つ紹介するだけにとどめる。いつ聴いても素晴らしいのは、最後のアルバム『アビイ・ロード』（1969年）の終幕近く、「キャリー・ザット・ウェイト」のテーマ提示後に、数曲前に置かれた「ユー・ネヴァー・ギヴ・ミー・ユア・マネー」のメロディが呼び出されるところだ。誰もがはっとすることのアレンジによって、小曲を並べたB面が連作ないし組曲になっていることが明示される。解散が避けられそうもないことは、四人の誰もが察知していた。冒険と変化を重ねてきた不世出のロック・バンドは、いわば別れの儀式にあたり、キャリアを締めくくるに相応しい形式として、『サージェント・ペパーズ』が確立した専売特許（全体が個々の曲の合算を凌駕する大きさを達成する）に立ち戻ったのである。

本章の冒頭で見た文化のヒエラルキーの動揺・崩壊の最も強力な原動力となったのは、疑いもなくビートルズの音楽であった。アメリカの高名な作曲家ネッド・ローレムは、『ニューヨーク・レヴュー・オヴ・ブックス』（1968年1月18日）に寄せた文章で、ビートルズのいくつかの作品をモンテヴェルディ、シューマン、プーランクの傑作にも匹敵するものと評価したうえで、「歌の新しい黄金のルネッサンス」を宣言した。

> もしも〔重大な「もしも」だが〕、〔中略〕健康が〔退廃よりも〕芸術の望ましい姿であるとすれば、そして、私が信ずるように、ビートルズこそそうした芸術の姿を体現しているとすれば、われわれの惑星の終末期にそれが到来したのは奇妙なことと思われるかもしれないが、われわれは歌の新しい黄金のルネッサンスを迎えたことになる。
>
> （*Read the Beatles*）

時代精神――「独自」性の追求

『サージェント・ペパーズ』前後のビートルズは、同時代のあらゆるミュージシャン、いや、音楽に限らずあらゆるアーティストにも増して、１９６０年代の時代精神ともいうべきものを的確に捉えていた。そして、時代精神を芸術として具体化するだけでなく、それを批判的に相対化する視点を備え、その変容を促して、もっとよい世界がありうるのでは、と問いかけた。

結果的に、とりわけ『サージェント・ペパーズ』のような傑作は、きわめて１９６０年代的でありながら、60年代を超える普遍性をも獲得した。ピカソ《ゲルニカ》と並置するのはまったく過大評価ではない。これから先もビートルズに魅了される人が後を絶たないだろうと思われるのは、この普遍性ゆえである。「時代を完全に代表する音楽」（ジョージ・マーティン）を生み出した側面と、1960年代を超えて聴き継がれる側面、この二つを併せもつからこそ、ビートルズは別格なのである。

ビートルズほど時代精神を的確に捉えたバンドは他にない、という言い方が意味するのは、たとえば、飽くことなく表現の未踏の境地を求め、変化を繰り返した彼らの姿勢が、いままでとは違ったものを貪欲に探求しようとする1960年代的な楽観主義と「新しいもの好き」を体現していることだ。ここでは特に、第1章で指摘した1960年代の若者の「自己」へのこだわりに着目しよう。ピリ・ハラスツのことばを借りるなら、「スウィンギング」な流行に敏感な人々のプライドは、自分が「独自《オリジナル》」であることにあった。1964年刊の『ポピュラー・アーツ』で、ステュアート・ホール（第3章）とパディ・ワネルは「既成の文化のヒエラルキーを掘り崩すポテンシャル」をもつ「ポピュラー・アート」の可能性を論じてるが、彼らがその要件として挙げる「パーソナルなスタイル」も「独自性《オリジナリティ》」のことに他ならない。

他人とは違う自分を表現することを大切にする人々の思いに、ビートルズは完璧に合致した。まず、四人の各々が個性的で、まったく「キャラがかぶる」ことがない。辛辣な批評性と諧謔《かいぎゃく》が際立つジョン・レノン、華やかで人好きのするポール・マッカートニー、インドへの傾倒を深める物静かなジョージ・ハリスン、一歩引いてとぼけた道化を演じるリンゴ・スター。

当初は揃いのスーツを着せられたものの、各々の独自の魅力が損なわれることはなく、持ち味の違う独自性が相互を刺激して、グループの魅力が最大化された。これは、ローリング・ストーンズにもフーにもできないことであった。ほとんどのバンドでは、ヴォーカリストかギタリストがスターとして君臨してしまう。

もちろん、個性的な人気者が四人並べばファン層も広がる。リンゴ・スターの述懐によれば、レノンは知識人や大学生に、マッカートニーはティーンエイジャーに、ハリスンは神秘主義者に、自分は母親や子どもに人気があり、「僕らは子どもからお爺さんやお婆さんにまでアピールするバンドだった」。

他のどんなバンドとも違っていることへのこだわりを、マッカートニーは語っている。「クリフ・リチャード〔ビートルズ登場以前のイギリスで最高の人気を誇ったポップ・シンガー〕みたいにも、イングランドの他の誰かみたいにも、なりたくなかった」。なかでも才能に恵まれたレノンとマッカートニーがまったく違う特徴を失わずに切磋琢磨したことが、比類のない水準の音楽に結実した。1960年代の若者が大切にした「自己」へのこだわりを、集団のなかで理想的に開花させてみせたのがビートルズであった。

ここで第3章の重要人物、ニューレフトの論客レイモンド・ウィリアムズを引きあいに出すのは、飛躍しすぎだろうか？　1968年刊の『メーデー宣言』で、彼は「1960年代の新しい若き左翼」の特徴を、「あくまでも各々が独自に、自らのアイデンティティを保って協力しあう」点に見出している。ビートルズが得意としたコーラスもそうだ。彼らの声は完全に一つには溶けあわず、個々の声がはっきりと聴き分けられる。

非1960年代的

他方、ビートルズには1960年代という文脈を外しても褪《あ》せることのない魅力がある。彼らのいくつかの最高の作品は、1960年代の時代状況と深くシンクロしていると同時に、そんな文脈を悠々と超えるだけの普遍性をもっている。普遍性の根拠を説得的に示すのは難しいが、端的に音楽としてのクオリティが高いからだ、とだけ述べておく。いま聴いても彼らの音楽は古びていない。この強靭《きょうじん》な生命力は普遍性の証左に他なるまい。そして、特定の歴史的文脈を必要としないという意味では、ビートルズは「非1960年代的」である。

いずれも1965年に発表されたローリング・ストーンズの「サティスファクション」やフーの「マイ・ジェネレーション」は、疑う余地なく傑作であるが、若者の反抗や世代間ギャップのような文脈を外したら、説得力も魅力も半減する。ボブ・ディランの「風に吹かれて」（1963年）にしても、やはり公民権運動や反戦運動という文脈あってこそのプロテスト・ソングの古典である。

ところが、たとえば「ア・デイ・イン・ザ・ライフ」は、サイケデリックな時代の空気を他のどんな楽曲よりもヴィヴィッドに表現している一方、ドラッグなどとは無縁でサイケデリックということばも知らぬ現代人をも揺さぶる力をもつ。カウンターカルチャー的なオルタナティヴ・コミュニティを希求する「アクロス・ザ・ユニヴァース」も、資本主義にどっぷりと浸かり、「ラヴ・アンド・ピース」をお花畑と揶揄する者たちにもアピールできる。

ちょうど、ストラヴィンスキー『春の祭典』が第一次世界大戦に向かおうとするヨーロッパの不穏、秩序や規範の機能不全を予感し、動揺を加速させた、まさに大戦前夜の時代性を刻印された音楽でありながら、レパートリーに定着し、いまもおそらくこれからも、大戦の知識を欠く人々にも新鮮な驚きとともに傾聴されるのと同じである。ビートルズほど1960年代を生き生きと伝える音楽はなく、ビートルズほど60年代を論じるのに相応しくない音楽もない。1960年代をシンボライズするにもかかわらず、彼らは時代を超える。

ビートルズ以降——ロックの細分化

1970年4月10日に解散が動かぬ事実となったとき、ビートルズは依然として絶大な人気を誇り、その創造力は翳《かげ》っていなかった。だからこそ、解散は1960年代、楽観主義に充ちた文化革命の時代の終焉を記すものと受けとめられた。

解散時の四人はいずれもまだ30歳に達しておらず、その後も音楽活動をつづけるが、いくつかのすぐれた作品を残したのは否定できないにせよ、個々のビートルがビートルズ時代の高みに達することはない。四人の、特にレノンとマッカートニーの個性的な能力のぶつかりあいによる化学変化は、ビートルズだからこそ起こりえた現象であった。

ビートルズの著しい特徴の一つに、間口の広さがある。ストレートなロックンロール、ジミ・ヘンドリクスやクリームを思わせるハード・ロック、スタンダードとなるバラード、キング・クリムゾンやイエスを先取りするアヴァンギャルドな仕掛け満載の実験作、シンプルなフォーク・ソング、コーラス・ワークで聴かせる聖歌のような曲、天真爛漫《てんしんらんまん》な童謡風の曲、インド風のラーガ・ロック、陰陰滅滅たるブルース・ロック、カラフルなブラス・ロック、静逸《せいいつ》なストリングスもの、など、すべてがビートルズの守備範囲に収まり、しかも、すべてにビートルズの色がついている。つまり、ビートルズという実験工房はロックの百貨店であった。

これに対し、ビートルズなき1970年代には、専門店の乱立が急速に進んだ。ロックという音楽ジャンルが、プログレ、ヘヴィメタ、フォーク・ロック、グラム・ロック、クロスオーヴァー（フュージョン）、さらには、お子様向けのロックもどき、といったように、さまざまなサブジャンルに細分化されていったのである。

専門店化しても充分にペイする規模にまでロックのマーケットが拡大していたわけだが、その分、決まりきった表現の反復を喜ぶ聴き手の比率が増し、しかも狭いサブジャンルは外からの刺激を欠きがちなため、お約束通りの定型的な音楽が幅を利かすことになる。多くの聴き手はマンネリを好む。もちろん、レッド・ツェッペリンやキング・クリムゾンのようなすぐれた例外はあるが、1970年代のロックには、表現の可能性を広げ、新たな境地を開こうとするビートルズ的な冒険の精神は概して稀薄である。

その後の展開、特に、ロックがビッグ・ビジネスとなり、パッケージ化された作品が大量に流通する状況に、プリミティヴで暴力的な衝動を押し出して異議を突きつけたパンク、サッチャー時代の殺伐を予示したかに見えるこのサブジャンルを論ずることは、本書の射程を越える。インパクトは強烈だった一方、音楽的にはビートルズと比較すべくもない、とだけ記しておこう。

第3章　「豊かな社会」とニューレフト

1　「豊かな労働者」——抗争の場としての文化

労働者は堕落したのか？

第1章で確認したように、文化革命の基盤は「豊かな社会」であった。「豊かな社会」では、少なからぬ労働者も「豊かさ」の恩恵を受けて生活水準を向上させ、かつてだったら手の届かなかった商品を購買できるようになった。

しかし、こうした「豊かな労働者」の出現は、資本主義から社会主義への移行を志してきた者たちにとっては困惑の種だった。旧来のマルクス主義は、資本主義の下での労働者の搾取や貧困をなによりの拠り所として社会主義革命の見通しを語ったわけだが、「豊かな労働者」はこのような図式ではどうにも捉えがたい存在だったからである。右肩上がりのイギリス経済は、資本主義に内在する矛盾によって崩壊しそうには見えず、そんななかで「豊かさ」を味わう労働者が革命に決起するとはおよそ想像しがたかった。

1960年7月の労働党全国執行委員会では、困惑があからさまに語られた。「過去何十年も政治の指標として有効だった、大衆的貧困、大規模失業といった事柄が政治の地平から滑り落ちている」。俗悪で快楽主義的な「物欲社会《エクイジティヴ・ソサエティ》」によって労働者階級が堕落した、などと嘆く声も聞かれた。しかし、いくら「堕落」への苛立ちを口にしても、それは「豊かな労働者」の心に響きようもない繰り言でしかなかった。

それでは、「豊かな労働者」をどう理解し、伝統的な階級闘争の語りに代えて、彼らに届くことばをどう紡《つむ》ぎだせばよいのか？　これは簡単に解答の見つからない難問であった。

ニューレフトの登場

この難問に果敢に挑んだのがニューレフトである。本書でいうニューレフトとは、抑圧的・硬直的なソ連型コミュニズムとも、資本主義の枠内に安住するイギリス型福祉国家（社会民主主義）とも違う社会主義のあり方を模索した一群の言論人・活動家たちを指す。ソ連共産党に追従するイギリス共産党も、福祉国家に自足し、外交ではアメリカに追随して核保有まで容認する労働党も、彼らが期待を託せる政治勢力ではなかった。

ただし、ニューレフトは明確な路線やアジェンダを共有する党派だったわけではない。1960年創刊の『ニューレフト・レヴュー』誌を最も重要な言論の場とし、その編集委員会に主要メンバーが名を連ねた以外には、単一の組織に結集せず、相互に緩やかに結びついて、しばしば激しく論争もした。全国各地に設立されたニューレフト・クラブ（ピーク時で40超）にしても、総じてローカルな自発性に基づいて草の根の活動を進めた。上からの指導が貫徹される鉄の規律の前衛党、といったイメージの逆を行く活動スタイルを実践したのである。

初期（１９６２年頃まで）のニューレフトの中心人物は、二つのタイプに大別できる。一つは、スターリン時代のソ連の圧政が暴露され（２月）、ハンガリーにおける民主化の動きをソ連軍が蹂躙《じゅうりん》した（10〜11月）１９５６年を経てなお、ソ連共産党への忠誠を保ち、党内の異論を封殺しようとするイギリス共産党を離れた元党員である。もう一つは、同じく１９５６年のスエズ戦争（エジプトによるスエズ運河国有化に反発したイギリスが、フランスとイスラエルの同調を得て出兵）への反対運動を契機として、翌年に『ユニヴァーシティズ・アンド・レフト・レヴュー』誌を創刊した相対的に若い世代の大学人である。前者が刊行していた『ニュー・リーズナー』誌（１９５７〜59年）と『ユニヴァーシティズ・アンド・レフト・レヴュー』誌が合流して、

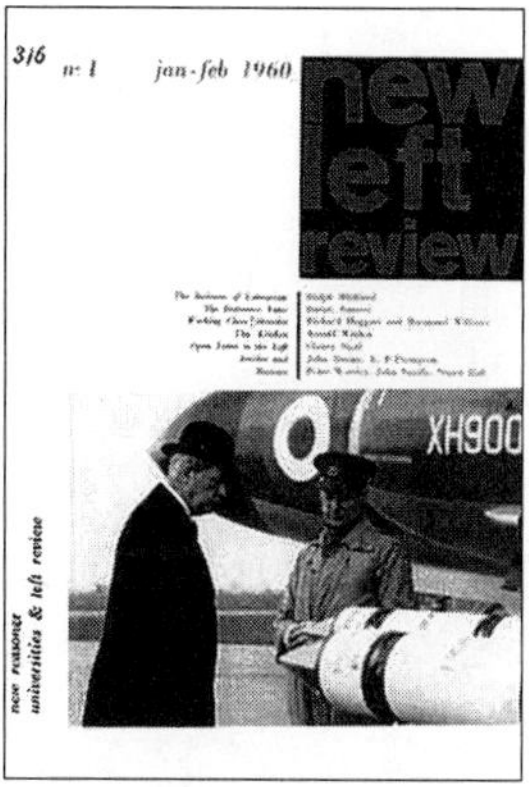

『ニューレフト・レヴュー』創刊号

『ニューレフト・レヴュー』誌が成立した。

既存の政治組織の外に位置し、ニューレフトと総称されたこれらの言論人・活動家たちは、「豊かな社会」がもたらした新しい状況、特に「豊かな労働者」の出現に適応できる社会主義の理念と革命の戦略を模索した。「社会主義ヒューマニズム」「参加型民主主義」がキーワードである。

文化への着目――E・P・トムスン、R・ウィリアムズ、S・ホール

ニューレフトの関心は、生産関係（土台）の単なる反映、経済的条件の従属変数にすぎないとして、公式的なマルクス主義が軽視しがちだった文化（上部構造）に向かった。端的な例が、「下からの歴史」の嚆矢《こうし》となったE・P・トムスンの名著『イングランド労働者階級の形成』（1963年）である。この本では、人間の意識は経済的条件によって決定されるという土台還元論が拒否され、自律的・自発的に自らを労働者階級として形成していく人々の文化的経験が生き生きと描かれた。そして、新たな歴史叙述の可能性を大きく切り開いたこの記念碑的著作の背景には、同時代の切実な問いとの知的格闘があった。「豊かさ」に浸っているかに見える労働者を、文化を手がかりとしてどう理解すればよいのか？

文化、とりわけポピュラー・カルチャーへの着目を通じて「豊かな社会」を把握する、というニューレフトの戦略の根底にあったのは、文化は政治的な抗争の場に他ならない、とい

う認識である。これまた名著と評される『文化と社会』（1958年）を書いた文芸批評・文化研究の泰斗《たいと》レイモンド・ウィリアムズは、こう明言する。「この社会を理解するには、たとえそれが政治的な答えを求める場合であっても、文化に注目しなければならない」。1967年にヒストリー・ワークショップ運動を創始する歴史家ラファエル・サムエルが中心となって、58年から62年にかけて、ロンドン（ソーホー）でコーヒー・バー「パーティザン」が運営されたのも、いわばポピュラー・カルチャーの現場に直に触れようという思いからであった。

文化革命が進展し、文化のヒエラルキーが揺らいでいた最中に、文化へのアカデミックな関心を喚起したことは、ニューレフトの最大の達成の一つといってよい。文化こそ1960年代を理解するための鍵に他ならず、メアリ・クワントやビートルズと並んで、ニューレフ

E・P・トムスン

レイモンド・ウィリアムズ

ステュアート・ホール

トの論客もまた60年代文化にかかわる重要な登場人物なのである。
そして、テレビや広告、若者文化を検討に付し、文化の政治性を考察するなかで避けて通れない問いとなったのが他でもない、「豊かな労働者」をいかに理解するか、であった。のちにバーミンガム大学現代文化研究センター（1964年設立）を拠点にカルチュラル・スタディーズを先導するスチュアート・ホールが振り返るように、「豊かな労働者」は「左翼の紋切り型のことばの枠内では分析できない」現象であった。紋切り型ではない新しいことば、「豊かな労働者」が生み出されるかつてない状況を把握できる新しいことばが求められていた。ニューレフトが取り組んだのは、こうしたことばを模索するという容易ならざる課題であった。

ニューレフトの論客の認識や主張には小さくない違いがあるが、本章では、E・P・トムスン、レイモンド・ウィリアムズ、スチュアート・ホールに即して、「豊かな労働者」をめぐるニューレフトの議論を最大公約数的に整理する。それは、「豊かな社会」や文化革命の陥穽を探る作業ともなる。

2　労働党の修正主義——社会主義の目的は達成された？

ただし、「豊かな労働者」という現象と真摯《しんし》に向き合ったのはニューレフトだけでない。労働党内で台頭した修正主義の論者たちも、同様の課題に取り組み、ニューレフトのそれとはまったく違う結論を引き出した。

1951、55、59年と、二大政党制ではまれな総選挙三連敗を喫し、「わが党は繁栄によって敗北した」、「豊かな社会」に自分たちはうまく対応できていない、と総括せざるをえなかった労働党で、影響力を強めていったのが修正主義であった。完全雇用と繁栄を実現した「豊かな社会」を前向きに評価し、資本主義と折り合いをつけようとする潮流である。1955〜63年に党首を務めたヒュー・ゲイツキルも修正主義陣営に属した。

修正主義の理論的土台となったアンソニー・クロスランド『社会主義の将来』(1956年)が力説したのは、20世紀半ばのイギリスでは経済的繁栄によって「社会の階級的基礎が消滅した」ことである。階級間の差異や格差は小さくなっており、マルクスが崩壊を予言した19世紀型の資本主義などもはや存在しないというのである。

クロスランドによれば、国家が経済に積極的に介入し、労組が強い力をもち、企業経営の意志決定が専門の経営者に委ねられて資本を所有する大株主の影響力が低下する、いわゆる経営者革命(資本と経営の分離)が進んでいる現代の資本主義は、貪欲な資本家が思いのままに利潤を追求できた19世紀型のそれとはまったくの別物である。そこでは、「不況は完全雇用に置き換えられ、不安定性は著しく弱まり、成長は目に見えてかつてより急速になった」し、労働者もなすがままに搾取されているわけではなく、「豊かさ」を手にしている。したがって、「これ〔現代のイギリス経済〕はいまでも資本主義なのかという問いに、私は否と答えたい」。

マルクス主義との訣別宣言である。2007~10年に首相として労働党政権を率いたゴードン・ブラウンは、『社会主義の将来』におけるマルクス主義の放棄を「戦後労働党史の決定的瞬間」と呼んでいる。

「労働者のブルジョワ化」命題

アトリー政権以来、労働党が看板政策としてきたのは基幹産業の国有化だったが、クロスランドの見方では、現代の資本主義では誰が生産手段を所有するかはさほど重要ではない。肝心なのは国家が適切な経済政策を実行することであって、それさえ果たされるなら、資本主義を覆さずとも、安定した経済成長と完全雇用が実現され、所得格差の縮小と富の公正な分配という社会主義の目的は充分に達成できる。二大政党は現代の資本主義をどちらが上手に運営できるかを競い合うべきなのである。

たしかに、1950年代の保守党が総選挙で三連勝したのは、「豊かな社会」をもたらした経済運営の巧みさを売り込めたためであった。ならば、生産手段を資本家が私的に所有している限り分配の平等も完全雇用も実現されない、などといわば19世紀的な資本主義批判を繰り返しても、労働党に勝ち目はない。必要なのは、平等と公正をもたらす魅力的な経済政策を提示して、「豊かさ」に批判的だという党のイメージを払拭することであった。

１９６０年代に入った頃から流布するようになったのが、「豊かな社会」の労働者は収入だけでなくライフスタイルや価値観でも中流階級と違わなくなった、という「労働者のブルジョワ化」命題である。のちにサッチャーも好んで持ち出すこの命題を、早くも１９５０年代のうちに、クロスランドは実質的に受けいれていた。「国民の多数派は徐々に中流階級的な生活水準、さらには中流階級的な心理の明白な兆候さえ獲得しつつある」。

要するに、クロスランドの理解では、「豊かな労働者」とは「ブルジョワ化した労働者」に他ならない。そして、彼らは決して堕落したなどと非難されるべきではない。「消費の拡大は社会的平等の事実と意識を増進する」し、さらに、困窮から解放され、生活に汲々《きゅうきゅう》とすることがなくなった「豊かな労働者」ないし「ブルジョワ化した労働者」は、「モラルや知的な諸問題により気を使うようになる」からである。

修正主義の説得力

「豊かな社会」の繁栄は福祉国家の拡充を可能にし、いずれ平等と公正を実現する、という修正主義の予言が前提とするのは、コンスタントな経済成長に裏づけられた税収増である。しかし実際には、現代の資本主義はクロスランドが期待したほど万能ではなく、安定した成長も完全雇用も維持できないことがやがて明らかになる。ウィルソン労働党政権期（1964〜70年）に「豊かな社会」は失速を始め、それとともに修正主義は説得力を失う。

今日から振り返れば、修正主義は無邪気なほどの楽観論にしか見えないだろう。とはいえ、労働党内での影響力は軽視できない。1957年の党大会で採択された『産業と社会』はその後の党の基調を定めた政策文書だが、そこでは、「社会的公正、経済的安寧、産業における新たな精神」といった社会主義の目的はすでに「実質的に実現された」、と明らかに修正主義に沿った判断が示されている。「豊かな社会」が修正主義の楽観論に説得力を与え、労働党を方向づけたのである。

3 「消費者」の個人主義——ニューレフトの警鐘

「豊かさ」は労働者階級を解体しない

「豊かな社会」が生み出した変化、とりわけ「豊かな労働者」という現象を正面から検討し、新しい社会主義の理念を練りあげる。修正主義もニューレフトもこの同じ課題に取り組んだのだが、修正主義が描く「豊かな社会」のバラ色の未来を、ニューレフトは厳しく批判した。

修正主義が前向きに評価した現代の資本主義は、ニューレフトの理解では、表面的にどれほどの変化があったにせよ、本質においては従来の資本主義のままであった。それどころか、レイモンド・ウィリアムズの見るところ、大衆消費とそれを促す広告やテレビを通じて、資本主義はより深く労働者の生活に入り込み、彼らの思考や行動を拘束していた。「人間はクロスランド氏が示す「ほしいものリスト」だけを望むのではない。人間としての自分たちを変えることをも望むのだ」。E・P・トムスンの見立てでは、現代の資本主義は「ほしいものリスト」のいくつかに労働者が手を伸ばすことを可能にしたかもしれないが、だからといって、平等な「協同社会」が実現されたわけではない。したがって、「豊かな社会」の到来によって「社会主義者の目的が充分に果たされた」、などとは到底結論できない。

なにかと注目される労働者階級の若者にしても、「豊かさ」に浸って階級意識を失ったりはしてはいない、とステュアート・ホールは力説する。

労働者階級のティーンエイジ世代は今日では毎年９億ポンドを支出する力をもつが、しかし、依然として中流階級にはなっていない。彼らはこれまでの労働者階級とは違った服装をし、より洗練されカジュアルである。しかしそれでも、はっきりと、反駁《はんばく》の余地がないほど彼らは「労働者階級」である。〔中略〕自分が同年代の中流階級の若者と同じだと考えたり、同じ嗜好を共有したり、同じように喋ったり、われわれの文化のなかで同じ目標にアクセスできると感じていたりする者はほとんどいない。（*Out of Apathy*）

「豊かさ」が「労働者のブルジョワ化」を促している、との修正主義の認識を、ニューレフトはきっぱりと却下した。「新しい商品を所有するからといって、労働者階級がブルジョワになるわけではない」。（ウィリアムズ）土台と上部構造の決定論的図式を拒否するE・P・トムスンからすれば、そもそも労働者の階級意識は経済的状態の「無条件かつ自動的な反映」ではないのだから、「豊かさ」が単純に労働者階級を解体することなどありえない。

「無階級の神話」

しかし、同時代にしきりに語られたのは「無階級の神話」であった。「豊かな社会」では階級の壁を越えて商品が流通し、購買力を備えた労働者階級が中流階級と同じ商品を消費するようになっている（メアリ・クワント曰く、「私たちの店では公爵夫人とタイピストが競って同じドレスを買おうとする」）、したがって階級の違いは消滅しつつある、と。『エコノミスト』誌は「イギリス社会の非プロレタリア化」を指摘し、1959年総選挙に勝利した首相マクミランは「階級間戦争は時代遅れだ」と断言した。

「労働者のブルジョワ化」命題に同じえないニューレフトにとって、「無階級の神話」への反論は避けて通れない。「豊かな社会」が「無階級」の社会どころではないことを、ニューレフトは主として二つの点から主張した。

一つは、かつてより多くを消費できるようになった一方、可処分所得の上昇をはるかに上回るペースで商品が増えるため、広告によって欲望を刺激されながら、ほしい商品のほとんどを買えない労働者は実質的に貧困になっていること。マルクス主義でいう相対的窮乏化に通ずる指摘である。

たしかに、どんなにお洒落に血道をあげようが、労働者のモッズの稼ぎでは、買いたい服のほんの一端を手に入れるのが精いっぱいであって、安物を買って自分で仕立て直すことも多かった。欠乏感ばかりを募らせる労働者は、「およそ自分たちの生活水準に満足などしていない」。（トムスン）これが「豊かさ」の限界なのであり、「無階級」は神話以外のなにものでもない。

もう一つは、煌びやかな私的消費にばかり目を奪われる「豊かな社会」では公共支出が後回しにされ、公共インフラがきわめて貧弱であること。これはガルブレイス『ゆたかな社会』がアメリカに関して強調した「社会的バランスの喪失」の論点である。「私的な富裕と公共のみすぼらしさ」とガルブレイスは表現したが、イギリスでも派手な私的消費と乏しい公共支出の対比は著しかった。「こんなによい時代はなかった」と自画自賛する政府が、話がいったん福祉や教育、都市環境整備といったことになると、「予算がない」と平然と言い放つ。結局のところ、自動車さえ買えるようになった一方で、基本的な医療や教育も満足に与えられていない労働者の生活は、「ブルジョワ的」からはほど遠い。表面的な華やかさによって覆い隠されてはいるものの、階級格差は歴然としている。

「無階級」の内実

「無階級」の主張がよく引きあいに出したのが、第1章で見たデイヴィッド・ベイリーやマイケル・ケイン、テレンス・スタンプといった労働者階級出身の「新しい貴族」である。スタンプは「僕らは階級も偏見もない新しいスウィンギングなイングランド人だ」と称しており、「労働者階級の英雄」たるビートルズも、才能さえあれば出身階級にかかわらず上昇できる能力主義社会のシンボルに擬せられた。

しかし、出自のハンディキャップを克服して成功した者たちがたしかにいたにしても、1960年代を生きた大半の人々にとって、「無階級」はおよそ実感からかけ離れていた。「豊かな社会」といっても、貧困が抜本的に解消されることも社会的な上昇が劇的に容易になることもなく、例外的な才能と幸運に恵まれない限り、「新しい貴族」への仲間入りなど不可能であった。かつてバイロンやグラッドストン、T・S・エリオットやグレアム・グリーンも住んだ高級住宅「オルバニー」に居を構えたスタンプは、「豊かな労働者」とは別世界の住人であった。

1968年にロンドンを訪れたアメリカのジャーナリスト、トム・ウルフはこう報告する。

「スウィンギング・ロンドン」についてのあらゆる記事は、階級制度が崩壊しつつあり、イースト・エンド〔ロンドン東部の貧困地区〕出身の卓越し活力に溢れた若いプロレタリアたちが優勢になっている、との想定に立っている。実際には〔中略〕ビートルズの四人、テレンス・スタンプとマイケル・ケインという二人の俳優、デイヴィッド・ベイリーとテレンス・ドノヴァンという二人の写真家を除いて、新しいボーイ・ネットワークには労働者階級出身者などいない。（*Mod!*）

世論調査を見れば、1960年代を通じて90％以上が階級は存在すると回答しており、第1章で紹介した「貧困の再発見」は数値をもって「無階級の神話」に反駁した。『キャシー・カム・ホーム』が突きつけたのは、見たくはないが厳然と存在する現実であった。

そんななか、下層中流階級出身のウィルソンが48歳の若さで首相になったことにはインパクトがあった。彼が唱えた「科学革命の白熱」による社会の「現代化」というヴィジョンが、「スウィンギング」な時代の風潮とマッチして有権者を捉えたのも、慎ましい出自から首相にまで上り詰めた彼の成功物語があってこそのことだった。ウィルソンとビートルズを同列に置く議論もあった。

ハロルド・ウィルソン

とはいえ、どんなにフットボールとパイプを愛する庶民性を売り込んだにせよ、彼もまたオクスフォード大学卒、31歳にして閣僚に任用された、つまりは例外的な人物であった。彼が率いた最初の政権の閣僚にしても、約半数はオクスフォード卒（ちなみに女性閣僚は一人だけ）、「無階級」を例証する顔ぶれではなかった。

「消費者」という自己認識

ニューレフトの見るところ、「豊かな労働者」は修正主義者がいうほど現状に満足し「ブルジョワ化」しているわけでも、伝統的な社会主義者が危惧するほど物欲にまみれて堕落しているわけでもなかった。しかし、「豊かな労働者」が危うさを孕んでいなかったかといえば、そうではない。

ニューレフトが特に懸念したのは、「労働者が生産者としてよりも消費者として自己を認識する」ようになっていたことである。「豊かな社会」と文化革命を支えたのは大衆消費であり、「豊かな労働者」はその重要な一翼を担ったわけだが、「消費者」の側面ばかりがクローズ・アップされることにニューレフトは警鐘を鳴らした。

「消費者」ということばに気をつける必要があるのは、人間としての充足を消費欲求の充足に還元し、人間は消費のために生きているかのように思い込ませる作用があるからである。「複雑で矛盾を抱えた人間」が、「消費者」のレッテルとともに、「私的な欲求と自己主張の合算」（ホール）へと単純化されてしまうのだ。

自分をなによりも「消費者」と捉えるようになった労働者の関心は自分のほしい商品にばかり向かい、それ以外のことにはさして注意を払わなくなる。だからこそ、公共インフラの貧弱を許容するし、生産の仕組みを変えることなど考えもしない。広告が売り込む「珍しいもの」の一部でも手に入れれば、欠乏感は残るにせよ、「消費者」はひとまずそれで自己充足できていると感じることになる。「予測可能で管理しやすい消費者や市民」（ウィリアムズ）の誕生である。自分がどれほど購買・所有できるか、が唯一の尺度となった結果、「われわれは個々バラバラの消費者として一直線に繁栄の神話に入っていった」。（ホール）

こうした認識は、ニューレフト以外の言論人にも共有された。たとえば、この時代の労働党の政策決定に大きな影響を与えた社会学者マイケル・ヤングによれば、「生産に基づく階級」から「消費に基づくステータス」へと、労働者のアイデンティティの基軸は移行しつつあった。

労働者コミュニティの脆弱化

ニューレフトの認識では、こうした「豊かな労働者」の「消費者」化にこそ、「豊かな社会」と文化革命の最大の陥穽があった。ステュアート・ホール曰く、それは「〔労働者〕コミュニティの生活の総体に対する全般的損失」をもたらす。意味するところは、「消費者」化した労働者の生活の中心が消費の場である家庭に移り、以前なら職場や住居の近くのパブのような場で育まれた人間関係が稀薄になって、ひいては労働者コミュニティそのものも脆くなる、ということである。「消費者」化が引き起こす労働者コミュニティの脆弱化を、さらに加速させる別の要因もあった。

まず、一九四六年ニュータウン法。この法に基づき大規模に開発されたニュータウンに多くの労働者家庭が転居したことで、旧来の労働者コミュニティは虫食い状態にならざるをえない。

あるいは、スーパーマーケットの登場。1960年には全国で367店舗にすぎなかったが、66年には2500店舗、72年には5000店舗近くにまで増加した。スーパーマーケットで週末にまとめ買いするのが普通になったため、近所の店（顔見知りだからツケで買えたりもする）で毎日のように買い物する習慣は衰退し、コミュニティの結束が弛む。

典型的なニュータウン

また、買いたい商品の選択肢が増えることに伴い、かつて広く行われていたコミュニティぐるみの共同購入のような慣行、地域の共同性に裏づけられた生活の知恵は魅力を失う。好みに合った商品の購買・所有を通じて「自己」を表現しようという思いが、文化革命の時代にとりわけ若者の間で広がっていたことを、思い出しておきたい。結果的に浮上してくるのは、労働者階級としてのアイデンティティを凌駕するほど強い「自己」アイデンティティであり、これもまたコミュニティにおける労働者同士のつながりに亀裂を入れる力になる。

若干なりとも改善された住宅事情が、プライヴァシーの意識を高めると同時に近隣との関係を稀薄にすることもあっただろう。先駆的な市場調査で知られたマーク・エイブラムズは、1959年に「家庭中心の社会」の到来を主張した。快適な住居が増えたため、労働者は家の外での活動や家にかかわらない理念への関心を減じさせている、と。

個人主義の台頭

もちろん、ニューレフトが力説した通り、結束は弱まったかもしれないにせよ、労働者コミュニティはあっさりと解体したわけではない。ニュータウンにも、労働者が相互に助け合い喧嘩もする近隣関係は成立した。「労働者階級の英雄」としてのビートルズへの熱烈な支持にも示されたように、労働者であることへのプライドは強く、「ブルジョワ化」に背を向ける強靭な階級意識は総じて生き残った。「豊かさ」がただちに労働者の組合離れ、労働党離れを促しもしなかった。

それでも、個人的な行為の性格が強い消費ばかりがクロース・アップされた結果、労働者の関心が私的なものへと傾き、労働現場や近隣のつきあいによって育まれてきた連帯や協同といった価値が、家庭中心のライフスタイルによって掘り崩される事態はやはり生じた。自分たちがどう労働するかよりも労働の対価によってなにを買えるかに関心を寄せ、パブで職場の同僚と余暇時間を過ごすのではなく、わずかでもスペースが広がり、バスやトイレを備え、温水も電気も供給される、快適さを増していた自宅でテレビのフットボール中継を観ようとする労働者が着々と増えていったことは否定できない。

言い換えれば、彼らはコミュニティの人間関係を二の次にしてでも商品の購買による「豊かさ」の個人的な享受を選んだ。「消費者」という自己認識は個人主義の台頭を促したのである。「労働者階級の生活に新しい種類の個人主義が入り込んだ」。（ホール）

個人主義が強まった末に顕在化したのが、「公共の悪への私的な解決策」を求め、「私的な野心が社会的な大志にとって代わる」傾向である、とE・P・トムスンは診断する。かつてのような一蓮托生の連帯意識が労働者コミュニティに成立しがたい時代、「個々人の好機とコミュニティ全体の改善」とが対立するかのように考えられがちな時代が来たのである。

思えば、硬直的な前衛党や教義による統制に叛旗《はんき》を翻《ひるがえ》し、個人の自発性に期待を寄せたニューレフトのスタンスも、自分で考え自分で決めることをよしとする個人主義と方向性を同じくしていた。そして、個人主義の強まりはサッチャリズムを呼び込む力ともなるのだが、この点は後段で論じたい。

第4章 「許容する社会」

1 伝統的モラルと教会の衰退——束縛の弛み

社会的・文化的自由主義

1960年代は「許容する社会 permissive society」の時代でもあった。「寛容な社会」と訳されることが多いが、「宗教的寛容」を想起させがちなので、本書では「許容」の語を充てたい。「許容」が意味するのは、人々の言動を縛ってきた旧来のルールや慣習、モラルや規範の拘束力が弱まることであり、法的規制の緩和や撤廃、マナーの弛緩によって、1960年代には日々の生活を取り巻く制約が目に見えて弱まった。

もちろん、「許容」の動きが1960年代になって突如として始まり、一直線に拡大したわけではない。階級や世代にかかわらず、古い規範や決まりごとを大事にする人々は1960年代にも少なからずいたし、保守的なモラリズムによる「許容」への逆襲の動きも見られた（第5章）。

それでも、個々人の私的なふるまいを権力や権威が束縛するのは好ましくない、他人に迷惑をかけない限りで自己決定が尊重されるべきだ、といった発想がはっきりと浸透し、モラルにかかわる制約が法的にも慣習的にも大幅に弛んでいくのが1960年代の基本的な流れであることは間違いない。旧来のそれが根絶されたわけではないにせよ、1960年代はモラルの大きな転換を経験したのである。いうまでもなく、どうふるまうべきかは「偉い」人ではなく自分が決めればよい、という「許容」の精神は、「自己」にこだわる1960年代の風潮に合致していた。

第二次世界大戦後のコンセンサス型統治の柱が経済的介入主義であることは、序章で述べた。そして、コンセンサスにはもう一本の柱がある。「許容」を基調とする社会的・文化的自由主義、国民の私的領域への国家権力の介入をなるべく小さくすることであり、1950年代後半から法的な具体化が進む。こうした姿勢で臨めたのは、福祉の充実、完全雇用、労組との協調、といった施策によって社会不安の最大の温床＝貧困をある程度とはいえ軽減できたためである。放っておいても国民は無茶をやらかさない、という安心感が得られたのだ。

図式的に整理すれば、コンセンサスの廃棄を目指したサッチャリズムは、経済的介入主義を自由主義に、社会的・文化的自由主義を介入主義に置き換えようとしたことになる。国家が完全雇用の責任を放棄し、福祉を骨抜きにし、労組を攻撃し、所得の再分配にも消極的になれば、社会秩序を脅かす要因が大きくなるから、権威的手法による治安維持や国民の規律化がどうしても欠かせない。したがって、強い国家の追求と並んで、サッチャリズムがモラリズム（「許容」批判）を不可欠な要素としたのは当然のことであった。

「クリスチャン・ブリテンの死」

「許容」が広がる背後では、長らく規範やモラルの砦の役割を担ってきた教会の衰退、「クリスチャン・ブリテンの死」と呼ばれる事態が進んでいた。「豊かさ」に与り、福祉国家と完全雇用によって生活の安定を得た人々は従来ほど教会に通わなくなり、教会で結婚しなくなり、子どもに洗礼を受けさせなくなっただけでなく、日々のふるまいの指針をキリスト教に求めることからも遠ざかっていった。第1章で触れた目上の者や彼らが体現する規範や慣習への恭順の衰退は、宗教の領域でもはっきりと見られた。教会の権威や影響力が急速に衰えたことは、１９６０年代の一大特徴であった。

最も有力なイングランド国教会を例にとるなら、定期的に教会に通う15歳以上の者の数は１９６１年の９９０万から66年の５４０万にまで下落している。教会で宗教婚を行う者や日曜学校に通う者についても、同様の急速な減少傾向が見られ、１９７０年代以降にも歯止めはかからない。これは国教会に限った話ではなく、他のプロテスタント宗派も似たような衰退を経験した。カトリックの場合、衰退は相対的に緩やかである。

「豊かな社会」と文化革命が価値観の多様化を促し、教会の導きよりも自己決定を重んじる者たちが増加の一途を辿って、社会の世俗化は不可逆的に見えた。ビートルズの「エリナー・リグビー」に登場する「誰も聴きにこない説教を準備しているマッケンジー神父」は、聴き手に充分なリアリティを感じさせただろう。1967年にイングランド国教会系の新聞『チャーチ・タイムズ』はイギリスがほぼ「非キリスト教社会」と化したことを認め、69年にはカンタベリー大主教（イングランド国教会の聖職者の最上席）マイケル・ラムジーも「社会は宗教に関心がない」と述べた。

また、教会の衰退は、節酒・節制、伝統的慣習の履行、安息日の遵守といった社会生活にかかわるルールやマナーの弛みと連動した。スローガンとなったのが、「禁止の禁止」「するな」から「せよ」へ」である。政界、軍、大学、などとともに、教会はエスタブリッシュメントを攻撃するテレビ番組やポップ・ソングによる批判や揶揄を浴びるようになる。

教会の「許容」

危機的な宗教・教会離れに直面した教会は、しかるべき限度はあるというただし書き付きではあるが、概して「許容」の流れと共存を図る方向で対応した。伝統的な規範やモラルにこだわり、締めつけを強めたりしたら、いっそうの衰退を招くだけだ、と判断したのである。

たとえば、イングランド国教会の報告書『離れ離れに――現代社会のための離婚法』（1

966年）は、教会の教えを実践しない人々に規範を押しつけても社会に分断を持ち込むことにしかならない、との認識を示した。さらに、カンタベリー大主教は、保守派から批判を浴びながらも、死刑の廃止、離婚要件の緩和、中絶の容認、といった「許容」改革（後述）への支持を公言し、ビートルズが異教に由来する超越瞑想（第1章）にのめり込んだことさえ、「精神的真理の探究」だと前向きに評価した。

あるいは、後述するチャタレー裁判で、「すべてのキリスト教徒が〔『チャタレー夫人の恋人』を〕読むべき」と証言するなど、「許容」の唱道で知られたイングランド国教会のウリッジ補佐主教ジョン・ロビンソン（労働党に属し、クリスチャンCNDを創設、ケンブリッジ大学の神学講師も務めた）は、70万部以上も売れた著書『神への誠実』（1963年）で、普遍的な善悪の二分法を拒んだ。「ある特定の集団や個人に対して、ある特定の機会に」発せられたキリストのことばは、どんな状況であろうが例外なく、すべてのクリスチャンが字面通りに実践すべき「無謬《むびゅう》の指針」ではない。神は天国にではなく、現世における人間の愛と倫理的行動にこそ存する。「あらゆる個々の状況において道を、状況に応じた特有の道を見出すのは愛である」。具体的な論点に引きつけていえば、愛さえ欠けていないなら、離婚や婚前性交渉を一律に「過ち」と決めつけるべきではない、

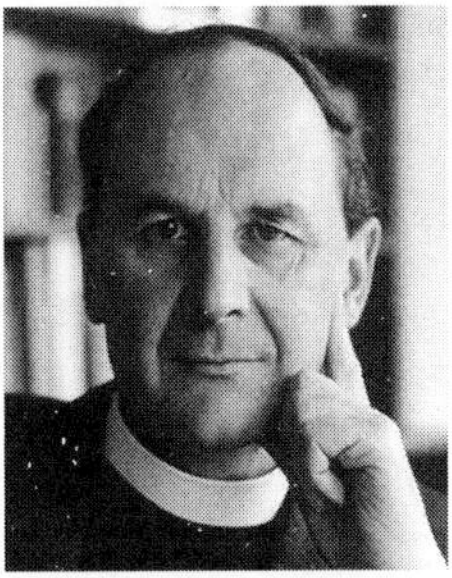
ジョン・ロビンソン

ということになる。『神への誠実』は多くの高位聖職者や言論人が参入する激しい論争を巻き起こし、ロビンソンから聖職者資格を剝奪《はくだつ》せよ、といった声も聞かれたが、この「危険な本」に似た主張をする本はその後も登場した。

宗派によって、あるいは個々の聖職者によって濃淡の差はあったにせよ、世俗化の進行という否定しようのない現実を受けとめたうえで、教会全般が個人の権利と自発性を重んじる風潮にあえて強く抵抗しなかったのは、明らかに賢明であった。ロビンソンが力説したように、「現代の非宗教的な人間にとっても有意」なキリスト教が模索されねばならない時が来ていた。

同性愛とウルフェンデン報告書

「許容」の流れを勢いづかせる起爆剤となった一つの報告書がある。1954年にイングランド国教会が同性愛は「罪《シン》」だが必ずしも「犯罪《クライム》」とは限らない、との見解を打ち出したことを受け、売春および同性愛に関する刑法の見直しを目的として内務省に設置されたウルフェンデン委員会の報告書がそれである。

史上初めて同性愛者からも証言を得て、1957年に公表されたこの報告書は、成人男性間の私的な場での同性愛行為の合法化を勧告した。私的なモラルは法の管轄外であり、国家は介入すべきでない、という原則は、後述する「許容」立法の裏づけとなる。

マクミラン政権の内相ラブ・バトラーは、この勧告を棚上げした。保守党議員ジェームズ・ダンスのことばを借りるなら、同性愛の容認は「数百万の上品な人々に嫌悪感を」催させる、との懸念からである。「こうした犯罪〔同性愛〕が放置されるなら、わが国のモラルの水準は低下するでしょう」。

しかし、こんな決めつけはもはやすんなりと受けいれられなくなっていた。１９５８年３月７日の『タイムズ』紙に掲載された報告書の趣旨の法制化を求める書簡には、元首相クレメント・アトリー、哲学者のアイザイア・バーリンやバートランド・ラッセル、イングランド国教会主教トレヴァー・ハドルストン、作家・批評家Ｊ・Ｂ・プリーストリーなど、政治的立場を異にする多様な著名人の署名が寄せられた。これらの人々は、同年、同性愛関連法改革協会を結成し、法改正に向けた運動を精力的に展開する。

また、もう少し話を広げるなら、たとえば、「怒れる若者たち」の作家たちが描いた既存秩序や権威への反抗は「許容」の要求に通ずるものだったし、ブティック発の新しいファッションにも、旧来の「男らしさ」「女らしさ」に風穴を開ける力があった。それまで自明とされてきたモラルの妥当性が問われるのは避けがたくなりつつあった。

チャタレー裁判

「許容する社会」の開幕を告げる号砲になったのが、１９６０年のチャタレー裁判である。

『チャタレー夫人の恋人』とうとう読めます

D・H・ロレンス『チャタレー夫人の恋人』（1928年）は、発表当時には衝撃的だった性愛描写を削除しないヴァージョンの販売・流通が禁じられており、1955年になってなお、無削除版を取り扱った書店店主が禁固刑を受けていた。ところが、あらためて無削除版の販売を企画して訴追されたペンギン・ブックスが、1960年の裁判で勝利するのである。

裁判では、出版物への検閲を緩和した1959年猥褻《わいせつ》出版法の制定を主導した労働党議員ロイ・ジェンキンズに加え、E・M・フォースターをはじめとする多くの文化人が、ペンギン・ブックス側の証人として『チャタレー夫人の恋人』の文学的価値を力説した。文学として秀でているかどうかは関係なし、猥褻な描写を含む書物は禁圧されるべきだ、といった主張はもう通用しなかった。

裁判が恰好の宣伝となり、ペンギン版『チャタレー夫人の恋人』は3ヵ月で300万部の売り上げを記録する。1960年ともなれば、その性愛描写に驚く読者はもはや多くなかっただろう。それでも、もっとあからさまな描写のある本が続々と世に出回るきっかけになったという意味で、この裁判はたしかに画期的であった。

前年の総選挙で初当選した若きマーガレット・サッチャーは判決の直後に『チャタレー夫人の恋人』を購入し、「ぐずぐずと読みたくなかったから」、3時間20分で一思いに読了した。彼女の感想は、やはりこれは「公衆のテイスト」に「不快感を与える」小説だ、というものであった。ちなみに、日本はといえば、1957年に『チャタレー夫人の恋人』の訳者伊藤整と出版社への猥褻物頒布罪による有罪判決が確定していた。

相次ぐ「許与」立法

1950年代末以降、「許容」を趣旨とする一連の重要な法が成立する（4-1）。「許容」立法の先導役を務めたのは、さきに触れた労働党のジェンキンズである。1965年からはウィルソン政権の内相として、60年代後半の法改正の立役者となる。私的なモラルやふるまいは自己決定されるべきであり、国家は介入しすぎてはならない、法を犯したからといって過剰に罰してはならない、というのが彼の持論だった。

ジェンキンズは第3章で述べた労働党内の修正主義の旗手であった。国有化の推進などよりも、「個人の私的生活や自由に課せられた社会的制約」の除去に注力すべきだ、これが修正主義の主張であり、「許容」法の多くはこの主張の具体化に他ならなかった。ただし、1967年に後任の内相となったジェームズ・キャラハンは、「許容」の流れにブレーキをかける。

4-1 「許容」法

1959年	**猥褻出版法** 出版物への検閲を緩和、演劇への検閲が廃止されるのは1968年、映画への検閲は残されたが、はっきりと適用は緩和
1960年	**賭博法** 場外馬券購入の合法化
1961年	**自殺法** 自殺の権利の承認
1961年	**酒類販売許可法** パブの開店時間の延長
1965年	**死刑廃止法** 5年間の試験期間限定だったが、1969年に恒久廃止
1967年	**性犯罪法** 男性間の同性愛の合法化
1967年	**中絶法** 妊娠28週間以内の中絶の合法化
1967年	**国民健康（家族計画）法** 既婚・未婚にかかわらず避妊薬へのアクセスを拡大
1969年	**改正離婚法** 「修復不可能」となった婚姻関係の解消の容易化
1969年	**国民代表法＆家族法改正法** 有権者資格下限の18歳への引き下げ、翌年には成人年齢も18歳に
1970年	**男女均等賃金法** 賃金の平等の原則を確立

いくつかの法について、簡単に内容を見ておこう。１９６７年性犯罪法は、すべての同性愛を違法とする、かつてオスカー・ワイルドを社会的に葬った１８８５年の規定を覆して、ウルフェンデン報告書の勧告を法制化した。立法の前年に宗派横断的なイギリス教会評議会が、同性愛は単純に忌むべき逸脱と見なされてはならない、との見解を打ち出したことが強力な後押しとなった。世論調査では、同性愛を肯定する者の割合は１９５７年の25％から65年には63％に上昇していた。とはいえ、この法の背景にある同性愛観は、心理的な機能不全に苦しむ不幸な同性愛者に与えられるべきは懲罰よりも同情と

治療だ、というものであって、同性愛はあくまでも「アブノーマル」と捉えられていた。

議会内外からの激しい反発に抗して成立した１９６７年中絶法は、のちに自由党の党首となるデイヴィッド・スティールの提案による。二人の医師の同意を条件に妊娠28週間以内の中絶を許可する趣旨の法であり、１９６８年４月に施行されると、中絶件数は68年の３万５０００件から75年の14万１０００件へと急増する。第１章で紹介した映画『土曜の夜と日曜の朝』や『アルフィー』や『ダーリング』でも描かれた、つまりはよくあることだった非公認の中絶は激減した。１９６７年家族計画法により避妊薬の入手が容易になったこととも相まって、中絶の合法化は子どもをもたないことへの社会的な風当たりを弱めた。

ロイ・ジェンキンズ

１９６９年改正離婚法は、２年の別居（84年には１年に短縮）を婚姻解消のための事実上唯一の要件にした。改正以前には配偶者の不貞、ないしそれに類する行為を証明することが求められたのであるから、離婚のハードルは大幅に引き下げられたといえる。愛情が失われているのにかたちだけ維持される婚姻関係には積極的な意味がないことが、公的に認定されたわけである。１９５０年代半ばに７％、70年代初頭に10％程度だった離婚率は、改正法の施行（71年）とともに急速に上昇し、70年代末には三組に一組は離婚に至ることとなった。多くの場合、離婚の申し立てを行うのは女性の側であった。

暗黙のルール

こうした立法と並行して、暗黙のルールも着々と弛んでいった。ものわかりの悪い大人に辟易とし、堅苦しい決まりごとに従うよりも率直な自己表現や自己主張を優先すべきだ、との思いを強めていた若者たち、特に労働者階級の若者たちは、個人の言動を縛る表面的な礼儀正しさに背を向けた。C・H・&W・M・ホワイトリー『許容のモラリティ』（1964年）が見るところ、マナーやしきたりは、「たしなみを欠き、適切な行動の仕方を知らない下品な下層民」と自分たちの違いを際立たせるために富裕な者たちがつくりだしたものだが、そんなルールよりも「親しみやすさ」の方に価値を置く「プロレタリア」が台頭してきた結果、「イングランド国民は総体としてプロレタリアの態度の方に近づき、誰もが一生懸命に単なる普通の人間のようにふるまおうとしている」。

マイケル・ケインはこう述懐する。「小馬鹿にして「目上の方たち」と呼んでいた連中が決めた規則にもモラルにも生活上の意見にも、従うつもりはなかった」。ビートルズのほどよい行儀悪さ（第2章）を想起してもよいだろう。くだけた「親しみやすさ」を優先する雰囲気が広がり、単純な例を出すなら、友人を姓ではなく名で呼ぶことが当たり前になっていく。

1950～60年代に登場した新奇なファッションや「女みたいな長髪」、「騒音」呼ばわりされた音楽、王室や教会を茶化すミュージシャン、性描写をふんだんに盛り込んだ映画、などは、伝統的・因習的なマナーに照らせば、いずれも拒否されるべきものであった。文化革命による古い規範の動揺は「許容」の流れを促し、「許容」の浸透は表現の幅をさらに広げて文化革命に拍車をかけたのである。

2 性の解放――楽しみとしてのセックス

性の革命

「許容する社会」に生じた革命的な変化が性のタブーの打破である。

ビートルズの1963年のヒット曲「アイ・ウォント・トゥ・ホールド・ユア・ハンド」は、イギリスが性について奥手な社会だったことを伝える。邦題は「抱きしめたい」だが、抱きしめるどころか、ここで求めているのは「手を握りたい」だけである。恋愛に憧れながらも性愛には臆病なイギリスの少女たちが安心して熱狂できたのは、「手を握りたい」までだった。

露骨に性行為を連想させるエルヴィス・プレスリーの腰の動きでは、彼女たちは怖気《おじけ》づい

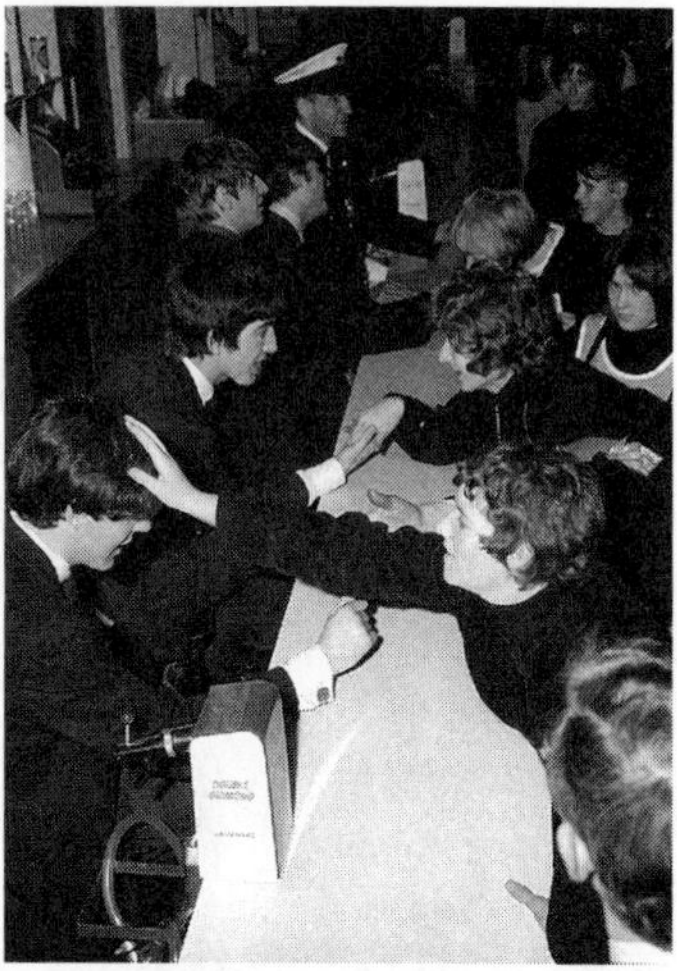

ファンに髪を触られるマッカートニー

てしまうが、長髪でスリムなビートルズなら怖くなかった。第1章で触れたホール&ワネル『ポピュラー・アーツ』によれば、「本質的に子どもっぽく、中性的で思春期以前的」なビートルズは「セックス・イメージ」ではなかった。プレスリーと比べて「無害」と受けとられたこと、セクシーというよりかわいかったことは、彼らの人気の重要な要因であった。セックスへの言及が当たり前になる1960年代後半のロックと比べれば、この間の変化の大きさが推察できよう。

映画にしても同様である。第1章で触れた1959年公開の『年上の女』は人妻との情事に溺れる青年を描く作品だが、さしてエロティックなシーンがあるわけではない。にもかかわらず、セックスが中心的なテーマになるというだけで、18歳未満の観客を締め出すことを余儀なくされた。

もちろん、どんなに奥手であっても、性への関心がなかったわけではなく、性行為のマニュアル本は広く流通していたが、マニュアル本の流通自体が親子や友人の間でさえ性の話をするのが憚《はばか》られる雰囲気の産物だったともいえる。未婚の母を描いたベストセラー小説『碾《ひき》臼《うす》』（1965年）の著者マーガレット・ドラブルが「性の革命」ということばを用いた通り、性に無知で、性行為に罪悪感を覚えていた若者たちが、性を語り、性の知識を獲得し、人生を充実させるものとして性行為を捉え直していったことは、たしかに革命と呼んでも過言ではない変化であった。

ピル——アクティヴな性生活

性の革命を可能にした要因としては、食料事情と医療水準の向上によって、若者たちの肉体的成熟が早まったことがまず挙げられよう。だが、それ以上に重要だったのが、さきに述べた教会の権威と影響力の低下である。特に女性の性行動を厳しく縛ってきたキリスト教的な規範が衰えた結果、信心深くもモラルに従順でもなく、むしろ自分の気持ちを優先する女性たち、ブティック発のファッションを纏い、ビートルズのコンサートで失神するような、恋愛にも積極的な女性たちが段々と肯定されるようになる。ミニスカートは彼女たちが得た性的な自由を表現するアイテムであった。

劣らず重要だったのが、安全で信頼できる経口避妊薬、いわゆるピル（1961年から販売）の普及である。当初は既婚女性のみに処方されたが、1960年代後半には未婚女性を拒む規制も弛んでいく。ピルがどれほど普及したかについては諸説あるにせよ、性行為につきまとった意に反する妊娠の心配が軽減されたことは間違いない。子どもをもつかどうかを特に女性の側が自己決定できるようになったという意味で、ピルが促した変化はやはり重大であった。

こうして楽しみのための性行為を享受できる条件が整っていった。もちろん、性的に「お盛ん《アクティヴ》」呼ばわりされることがとりわけ女性にとって汚名となる状況は根強く残ったが、それでも、バース・コントロールを伴うアクティヴな性生活は次第に「ノーマル」なものとして受けいれられていく。性的な楽しみまでビジネス・チャンスにしようとする広告も、アクティヴな性生活を促す力となった。

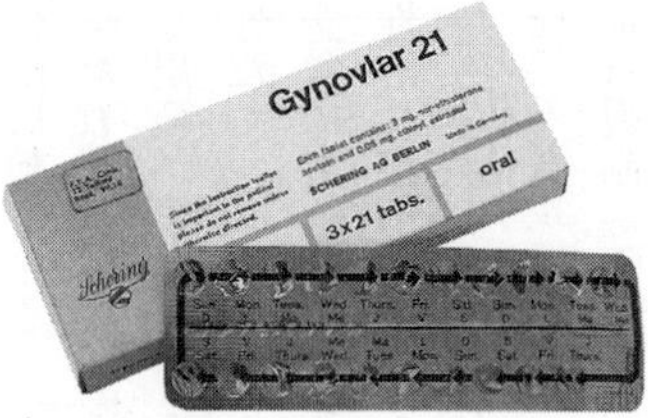

ピル

婚前・婚外セックス

性の革命がもたらしたものの一つに、婚前・婚外セックスの広がりがある。セックスを婚姻関係内に封じ込めることに反発する若者は、もちろん性の革命の前にもいた。たとえば、第1章で扱ったビートニクスは、核戦争によっていつ人類が絶滅するかもわからない以上、手遅れにならないうちにセックスを楽しむのは当然のことだ、と主張した。1962年のキューバ危機は、彼らが抱く核戦争への懸念をあらためて裏書きした出来事であった。しかし、密やかなタブー破りだった婚前・婚外セックスが「ノーマル」になっていったのは、性の革命以降である。

　1962年12月のリース・レクチャー（BBCがオピニオン・リーダーに委嘱するラジオ講演）に登場した心理学者G・M・カーステアズは、婚前の性体験を「結婚を互いの思いやりと充足に溢れたものとするのに役立つ準備」と見なす若者が増えていると述べ、10代の性行為を頭ごなしに非難すべきではないと主張した。大切なのは「純潔《チャスティティ》」よりも「愛《チャリティ》」である。

> 純潔は倫理上の至上の徳なのでしょうか？　私たちの宗教的な伝統では、モラリティの神髄は性的な抑制にあるかのように思われがちです。しかし、これはキリスト本人の教えが強調したことではありません。キリストにとって、最も重要な徳は愛、他者に配慮し他者を思うことでした。
> （*This Island Now*）

『神への誠実』のジョン・ロビンソンをはじめ、複数の聖職者からも、神は婚外の性交渉を全面否定していない、との声が聞かれた。チャタレー裁判の際のロビンソンの証言によれば、ロレンスは性愛を「本質的に神聖」な「真の意味での聖餐《ホーリ・コミュニオン》」として描いたのであったし、イングランド国教会のヨーク大主教（カンタベリー大主教に次ぐ上席）ドナルド・コガンは、「セックスは徹頭徹尾よきもの、神が与えたものだと思う」と明言した。

　とはいえ、1960年代末の段階でも、『サンデイ・タイムズ』紙の調査によれば、性体験をもたないまま結婚した者の割合は、男性で4分の1、女性で3分の2に上った。つまり、婚前・婚外でも「アクティヴ」な性生活を楽しもうとする若者が増える一方で、伝統的な性の規範の影響力も軽んじえないものだったのである。

結婚と家族の揺らぎ

婚外セックスの広がりは結婚という制度を揺るがす力となり、1960年代後半からは結婚の破綻が急増する。

それまで性生活に関する抑制を男性より強く求められ、したがって1960年代に男性以上に大きな解放感を得た女性は、性的な期待の高まりに伴って、従来よりも結婚生活に快楽を求めるとともに、婚外セックスにも積極的になり、その結果、離婚を選択するケースが増えたのである。家庭外に仕事をもち、自立できるだけの経済力を備えた女性の増加も重要な背景である。1969年改正離婚法が71年から施行されると、この傾向に拍車がかかる。

ただし、離婚した者の半数近くが5年以内に再婚しているように、結婚そのものの人気が衰えることはなく、結婚の低年齢化も進んだ。早婚の増加に対応して、1969年法により成人年齢は21歳から18歳へ引き下げられる。同時に、婚姻関係を欠く同居や婚外子のいる世帯のような、伝統的な規範からすれば容認されがたい家族形態が空前の増加を見せ、家族はもはや単一のモデルでは語りえなくなっていった。

また、性の商品化も進んだ。性を扱う映画や雑誌へのアクセスが容易になり、テレビを介して茶の間にも性が持ち込まれる。タブロイド紙『サン』がヌード・ピンナップ(「ページ・スリー・ガール」)を掲載するようになるのは1970年、以降の10年間で『サン』の発行部数は150万から380万へと飛躍する。

こうした状況は、性の解放などといっても実態は性的「放縦」に他ならない、「放縦」は家族という社会の基盤を脅かす、と考える人々に反撃のための恰好の足がかりを提供した。第5章で見るように、テレビのセックス描写やポルノグラフィは、「許容」を批判する際に共感を得やすい論点であった。

男性中心主義とフェミニズム

1960年代を通じて、女性にとっても楽しみのためのセックスの実践が容易になっていったわけだが、それでも、文化革命の最中のイギリスは依然としてはっきりと男性中心的であった。モッズであれロッカーズであれ、わがもの顔で幅を利かせていたのは男性、女性の役割は「彩り」程度に終始しがちだった。ベイリーの『ボックス・オヴ・ピンナップス』の36のポートレイトに女性が四人しか登場しないことからも明らかなように、ファッションを別とすれば、文化革命の立役者もほとんどが男性であった。

フェミニストの著述家リン・シーガルは、「怒れる若者たち」の小説に共通して見られる傾向として、「男たちを陥れ、手なずけ、骨抜きにしようとするシステムの一部」であるかのように女性を描く点を指摘する。「息苦しい家庭生活こそが男たちの覇気と勇気を殺してしまった、女たちには責任がある」、これが「反逆児たち」の女性観だ、と。男性中心主義はニューウェーヴ映画にも顕著で、トニー・リチャードソン監督『蜜の味』（1961年）を主要な例外として、女性の「怒り」は概して放置され、彼女たちは「怒り」にかられた男性から暴力的に虐待されさえした。『アルフィー』の主人公による女性の扱いも身勝手そのものだ。いうまでもなく、大人気を博したジェームズ・ボンドは、数多《あまた》の「彩り」に囲まれたマッチョなヒーローである。『ゴールドフィンガー』の冒頭近く、全身に金粉を塗られたままベッドに横たわるシャーリー・イートンの死体は、女性に割り振られた「彩り」の役割を究極的にシンボライズしている。

ロックにしても、女性ミュージシャンはごく少数であった。「男根ロック《コック・ロック》」なる表現もあったほど、女性ファンが男性ミュージシャンとの親密な関係を求めるグルーピーとなって彼らの旺盛な性欲を充たす、という図式にはリアリティがあった。ローリング・ストーンズが「俺のいいなり《アンダー・マイ・サム》」と歌い、バンドをやれば「女が何千人でも」手に入るとエリック・クラプトンがうそぶいたように。

自身グルーピーだったジェニー・ファビアンが放送作家のジョニー・バーンとともに執筆した自伝的小説『グルーピー』（1969年）は、大きなセンセーションを呼んだ。男性ミュージシャンが客体としての女性への恋愛感情や性欲、その裏面にある嫌悪や軽蔑を歌ってきたロックが抱えるセクシズムへの批判として、アンダーグラウンド紙『インターナショナル・タイムズ』が鳴らした次の警鐘は、正鵠《せいこく》を射ている。

音楽としてのロックはたくさんのことを変えたと思う。豊かなエネルギーを解き放ち、若者に対していくつもの素晴らしいイメージを創造した〔中略〕しかし、男女の関係にかかわる点では、ロックは徹頭徹尾反動的であって、これは変えられなければならないと私は考える。現時点では、女性がロックという音楽にかかわれるのは、文字通りにではないにせよ、象徴的にはグルーピーであることを通してのみなのだ。

（*Working Class Heroes*）

『グルーピー』，1969年

政治に目を移しても、第3章で触れた通り、ウィルソン政権発足時の女性閣僚は一人だけだった。ニューレフトにも「男性の司令官と女性の下士官の運動」などと揶揄されても仕方のないところがあり、初期の『ニューレフト・レヴュー』への寄稿者の圧倒的多数は男性であった。1968年にピークを迎える学生反

ミス・ワールド・コンテストでの抗議行動，1970年11月20日

乱も、特に暴力性を帯びた場合、運動を指導したのは大抵は男性であって、女性が補助的な役割に甘んじるのは当然のこととされがちだった。性的平等を謳うカウンターカルチャーでも事情は大して違わず、手厳しいフェミニストにいわせれば、「大勢のその気のある若い女性に囲まれるのは、20代後半の男性にとってパラダイスだった」。

「許容する社会」といっても、両性関係の不平等は残存していたのであり、それを変革する課題は1960年代末に発足するウイメンズ・リブ運動に持ち越される。We are not beautiful, we are not ugly. We are ANGRY. と叫ぶフェミニスト活動家たちがミス・ワールド・コンテストを大混乱に陥らせた1970年11月20日の出来事は、ちょうどテレビ中継中だったためもあり、大きなインパクトを及ぼした。いわゆる第二波フェミニズムの興隆を予告する狼煙《のろし》である。

19世紀後半から20世紀前半にかけての第一波フェミニズムが参政権のような女性の権利に主眼を置いたのに対し、1970年代に全盛期を迎える第二波が問題にしたのは社会的・文化的な女性の抑圧であった。フェミニズムには、文化革命や「許容する社会」の男性中心主義を根底から批判する力が備わっていた。

3　ドラッグ――「知覚の扉」？

「トリップ」の誘い――未知の創造力を求めて

1960年代にはドラッグ（依存性薬物）の消費量と影響力が著しく拡大した。「許容」の広がりはドラッグへの禁忌をも弛めたわけである。

オルタナティヴなライフスタイルを実践しようとする者たちにとって、眼前の現実とは違うもう一つの「現実」を見せてくれる点で、そして、主流社会とそれに背を向ける自分たちとの間の溝を実感させてくれる点で、ドラッグは非常に魅力的であった。また、文化革命の立役者の多くが、未知の創造力を引き出してくれることを期待してドラッグに手を出しもした。負の影響も含め、ドラッグが文化革命の駆動力の一つであったことは否定できない。

ドラッグは「知覚の扉」（オルダス・ハクスリーが自らのサイケデリック体験を綴った1954年刊のエッセイのタイトル）と見なされ、たとえば、草創期のウィメンズ・リブ運動の中心人物だったフェミニスト史家シーラ・ロウボタムの場合であれば、ドラッグによって「普段だったら怠惰に見過ごしてしまうようなディテールに宿る美」を見出したという。

20代の頃の私には、あとから振り返れば不必要だったと思えるリスクをとるつもりがあった。ドラッグすべてを一刀両断にするお役所的な非難は偏向して不正確に思え、同じえなかった。自ら観察したうえで、リスクは克服できるようだと私は判断した。われわれにとっての「トリップ」〔ドラッグによる幻覚や陶酔の体験〕とは、楽しみのための恍惚というよりも厳粛な儀式で、アシッド〔ＬＳＤ〕を摂るのは安全な条件がきちんと整っているときだけにした。

（*Promise of a Dream*）

大麻からLSDまで

もちろん、一口にドラッグといっても種類はさまざまある。アンフェタミンをはじめとする覚醒剤、マリファナやハシシといった大麻（通称ポット）、ＬＳＤのような幻覚剤、依存性・危険性ともに強い抑制剤ヘロイン、など。

１９６０年代のイギリスで最も手に入れやすかったのは大麻であった。１９５０年代にインドやアフリカから流入した大麻はまずジャズ・クラブのような場で広まり、60年代になるとその使用が増大した。使用者数を正確に知ることは難しいが、１９６０年に２３５件にすぎなかった大麻関連の犯罪は70年には７５２０件に達する。

ＬＳＤがイギリスに流入するのはおそらく１９６５年である。精神世界を拡張する《マインド・エクスパンディング》ドラッグと呼ばれ、未踏の境地へと精神を誘って、制約に充ちた俗世では味わえない喜びやひらめき、共感覚、自己発見を促すとされた。1966年に違法化されたものの、以降も特にミュージシャンが好んで摂取した。

LSDはもちろん、大麻にしてもその使用者の絶対数はさして多くなかったという算定が近年では有力だが、ビートルズの『リヴォルヴァー』や『サージェント・ペパーズ』が例になる通り、文化革命のいくつかの成果は疑いもなくドラッグにインスパイアされていた。そのせいもあって、「許容」に浮かれる若者はドラッグ漬けの自堕落な生活をしている、といったイメージは広く浸透し、「許容」批判の動きを刺激することになる。

「許容の上げ潮」に歯止めを

ただし、主流社会もドラッグを全面否定していたわけではない。たとえば、内務省が1967年に設置したドラッグ依存に関する諮問委員会（ウットン委員会）は、その報告書で、きわめて有害なヘロインやLSDとたばこほどの害もない（と考えられていた）大麻とは区別されるべきであり、大麻所持は投獄すべきほどの犯罪ではない、との趣旨の勧告を行った。大麻の合法化を視野に収めた規制緩和を提唱したのである。

この勧告は、1967年7月24日の『タイムズ』紙に掲載された大麻関連法の改正を求めるアピールと共振するものであった。ビートルズが出資したこのアピールには、ピーター・ブルック、デイヴィッド・ホックニー、グレアム・グリーンといった芸術家に政治家やジャーナリストを加えて、約70名が署名を寄せた。

しかし、ウットン委員会報告書を取り扱う立場にあった内相ジェームズ・キャラハンは、「許容の上げ潮」に歯止めをかけるべきだとして勧告を拒み、保守党議員や報告書を「ジャンキー憲章」と呼んだタブロイド紙から喝采を浴びた。「許容」は「近年発明された最も好きになれないことばの一つ」だ、とキャラハンは明言した。単に大麻の合法化に反対したのではなく、「許容」全般に敵対する姿勢をはっきりと打ち出したのである。

1967年6月にローリング・ストーンズのミック・ジャガーとキース・リチャーズに違法薬物所持の罪で禁固刑が判決されるなど（第5章）、ドラッグを突破口とする「許容」叩きが激しさを増しつつあった。ローリング・ストーンズやビートルズが若者の間のドラッグ使用を広めている、との指摘は、国連の報告書にも書き込まれた。イングランド国教会系の『チャーチ・タイムズ』紙は、ドラッグは「良心というブレーキ」をなきものとし、「抑制と禁欲によってつくられたモラルの宇宙」を掘り崩す、と警告した。

大麻解禁を求める1967年7月16日のハイド・パークの集会に5000人が集まったとはいえ、やはりドラッグ容認論はまだまだ少数派であった。若い年齢層（21〜34歳）を対象とした世論調査でさえ、ジャガーとリチャーズへの禁固刑は「概ね妥当」ないし「もっと厳しくすべき」との回答が85％、ウットン委員会の勧告を拒んだキャラハンへの支持は88％に上った。前述したポルノグラフィと並んで、ドラッグという論点は「許容」批判のための有効な足がかりとなる。

4 移民排斥――Back Britain, Not Black Britain

人種関係の緊張――スケープゴートとしての移民

さらにもう一つの「許容」批判の足がかりとなった論点が移民である。

1968年は世界的な学生反乱やストリート・プロテストの年として有名だが、イギリスの場合、大学紛争やヴェトナム反戦デモがなかったわけではないとはいえ（派兵こそしなかったが、アメリカのヴェトナム戦争を支持したウィルソン政権への失望は深かった）、パリ5月革命のような緊迫した情勢は生まれなかった。1960年代には大学の新設が相次いだものの、ヨーロッパ大陸諸国に比べ、イギリスの大学生は依然としてエリートの性格が強く、大学に通わない同世代の若者とも、あるいは労働運動とも、概して連携関係を築けなかった。

イギリスの文脈では、この年はむしろ非白人移民を敵視する人種主義が噴出した年として記憶されるべきだろう。文化革命や「許容する社会」への違和感を鬱積させていた者たちが、「イギリスを蝕む移民」というスケープゴートを見つけたのである。

移民の流入と滞留がイギリスを脅かすという危惧を誰よりも雄弁に語ったのが、保守党のイーノック・パウエル、閣僚経験をもつ大物政治家である。彼が移民問題を熱心にとりあげるようになったきっかけは、1965年人種関係法を改正する動きにあった。難航の末、1968年10月に成立した第二次人種関係法は、住宅や雇用、保健その他のサーヴィスにかかわる人種差別を禁止し、「非白人お断り」のような広告や貼紙は違法となった。多民族・多文化社会への移行を想定した法といえる。

第二次人種関係法の成立が難航した背景には、かつての植民地ケニア（1963年にイギリス連邦《コモンウェルス》構成国として独立）からのアジア系（特にインド系）移民の流入が誘発した人種主義の高まりがあった。1940～50年代には労働力不足を補うために重宝された非白人移民は、この頃には雇用を奪うだけでなくイギリスを変質させる存在として敵視されるようになっていた。

人種主義の高まりを受けて、1967年に反移民を旗印とする極右団体ナショナル・フロントが結成され、議会ではパウエルがアジア系ケニア人の入国制限を要求した。保守党党首エドワード・ヒースも、吸収しきれない数の移民の流入は社会不安を引き起こすと主張した。

移民問題に弱腰と見られることは得策でないと判断したウィルソン政権は、1968年3月、1週間にも充たない議会審議を経ただけでイギリス連邦移民法を成立させた。ケニア出身の白人への入国制限を事実上解く一方、アジア系の入国を年間1500人に限る内容のものである。この急ごしらえの法には人種差別的であるとの批判が強く、労働党から35人、保守党から15人、自由党の全員が反対票を投じたが、世論調査では90％が支持、より厳しい制限を求める回答が63％に達した。

パウエルの「血の川」演説

パウエルの名は、1968年4月20日にバーミンガムで行った「血の川」演説とともに今日まで記憶されている。この演説は第二次人種関係法案を批判し、非白人移民の実質的な入国停止と送還を訴えたのだが、なによりのインパクトは使われたことばの激烈さにあった。

イーノック・パウエル

われわれは狂気に陥っているに違いありません。文字通り狂気に陥っているのです。〔中略〕まるで、自分の火葬のための薪《まき》を積みあげることに勤《いそ》しむ国を見ているようです。〔中略〕15年か20年もすれば、この国では黒人が白人に指図をするようになるでしょう。〔中略〕未来を見据えると、私は不吉な予感でいっぱいになります。ローマ人がそうだったように、「テベレ川が大量の血で泡立つ」のを見ている

「パウエルを首相に」の落書き

気がします。われわれが大西洋の対岸から慄《おのの》きながら眺める手に負えない現象が、〔中略〕まさにわれわれがそれを選択しそれを軽く見ているがために、わが国に到来してきています。

(enoch-powell_speech.pdf 〈wordpress.com〉)

古典学者でもあったパウエルがヴェルギリウスの『アエネーイス』を引用した古代ローマの「血の川」の部分で力説するのは、非白人移民をこれ以上受けいれるなら、「大西洋の対岸」=アメリカのような人種間抗争がイギリスでも勃発し、流血の事態が避けられなくなる、ということである。ちょうど同じ月の四日にマーティン・ルーサー・キング牧師がテネシー州メンフィスで暗殺され、60件以上もの暴動が発生していたせいもあり、アメリカの「手に負えない現象」を持ち出すことは非常に効果的であった。非白人移民への恐怖心を最大限に煽《あお》るレトリックである。

あからさまに人種差別的な「血の川」演説の翌日、ヒースはパウエルを影の内閣の国防相ポストから更迭し、主要新聞各紙も恥ずべき演説だと論評した。しかし、世論の反応はまったく逆であった。口にしづらい喫緊の課題を語った勇気ある演説として、世論調査では実に67~82%の支持が寄せられ、パウエルは勇敢だったがために懲罰を受けた殉教者のごとく同情を集めた。演説の3日後にはロンドンの港湾労働者(移民に雇用を奪われかねない人々の代表格)がストを決行し、Back Britain, Not Black Britain と書かれたプラカードを掲げて議会まで行進した。

人種主義という「許容」の限界

ここから見えてくるのは、「許容する社会」が人種の問題については「許容」からほど遠かったことである。多文化主義と結びつく「許容」はきれいごととして投げ捨てられ、非白人が増えるのは嫌だという本音が噴き出したのだ。

勃興しつつある「スウィンギング・ロンドン」をいち早く描いたコリン・マッキネスの小説『アブソルート・ビギナーズ』(1959年)が、ロンドン西部のノッティングヒル界隈で1958年8~9月に起きたカリブ系移民を標的とする暴動(移民への攻撃を先導したのはテッズ)をとりあげているように、人種間の緊張関係はたしかに「血の川」演説以前から表面化していた。それでも、非白人への敵意や偏見を平然と表明する者が急増し、移民を狙った暴力沙汰が頻発するようになった重大なきっかけは「血の川」演説にあった。

かつての「怒れる若者」ジョン・オズボーンは「ニグロのマイノリティがこの国を乗っ取

ることを望んでいない」と述べたし、ヴェトナム反戦デモに参加したことがあるミック・ジャガーも移民が「社会を壊す」ことへの憂慮を口にした。やや先のことだが、1976年8月にエリック・クラプトンはイギリスが「黒い国」にならぬようパウエルを支持すべきと発言した。スカやレゲエなど、移民が持ち込む異文化から強い刺激を受けてはいたものの、文化革命が結局のところ白人中心的であったことは否定すべくもない。

帝国の解体に起因する移民の大規模な流入は、「許容」の広がりや文化革命の進展にもかかわらず、イギリスは白人の国だという人種的な排他意識が根強いことを露呈させた。そこでは、積年の植民地支配の責任はほとんど視野に入ってこない。ヒース政権が成立させた1971年移民法とともに、「許容する社会」のはずのイギリスは世界で最も移民に厳しい国の一つとなる。

ノッティングヒル暴動，1958年8～9月

第5章　モラリズムの逆襲

1　メアリ・ホワイトハウスの聖戦――「許容」との闘い

バックラッシュ

いうまでもないが、文化革命の場合と同じく、「許容」の風潮を誰もが歓迎したわけではない。伝統的なマナーが軽視され、離婚や婚前セックスが当たり前になり、同性愛や中絶さえ容認される時代に眉《まゆ》をひそめる者たちは、1960年代にもそれ以降にも少なくなかった。「許容」に批判的な者たちの見方では、「許容」の内実はモラルの破壊に他ならなかった。したがって、「許容」へのバックラッシュは、多くの場合、モラルの再興を訴えるかたちをとり、ポルノグラフィやドラッグはその恰好の足がかりを提供した。第4章で示した図式に即していえば、モラリズムの台頭はコンセンサス型統治の社会的・文化的自由主義に対する不満の高まりを意味し、のちにサッチャリズムがコンセンサスを廃棄するための条件を整えた。

「許容」は1960年代イギリスにつきまとった懸念、すなわち、「衰退」の原因にしばしば同定された。モラルを嘲る無軌道な若者が増えているからイギリスは「衰退」する、と。「許容」こそが活力の源泉となってイギリスを再生させるのだとの反論もあったものの、「衰退」への憂慮は深まる一方であり、「許容」と「衰退」とを結びつける主張は着実に影響力を強める。

さらに、学生反乱やストリート・プロテストの活性化を受けて、「許容」を許すと社会秩序が崩壊する、といった危惧する声も大きくなる。モラリズムの逆襲が勢いを増す条件が揃ってきたのである。

ローリング・ストーンズ裁判

センセーショナルだったのが、ローリング・ストーンズのミック・ジャガーとキース・リチャーズ、そして、アート・ディーラーのロバート・フレイザー（『サージェント・ペパーズ』のジャケット制作を統括、ポール・マッカートニーによれば「1960年代のロンドンで最も影響力のある一人」）の逮捕と裁判である。三人には違法薬物所持の廉《かど》で実刑判決が下され（1967年6月）、その後は保釈→控訴審で無罪（リチャーズ）と執行猶予（ジャガー）という経緯を辿った。ヘロインを所持していたフレイザーは6ヵ月間服役する。

同じく6月にポール・マッカートニーがLSD服用の経験を認めたことも相まって、この裁判は、ロック・ミュージシャンは皆ドラッグ漬けだ、といった決して正確ではないイメージを広める重大な契機となった。通常は罰金程度で済まされる罪状のところ、殺人犯ででもあるかのように手錠をかけられ、刑務所で夜を明かすことを強いられるジャガーやリチャーズの姿に、1960年代の風潮を快く思わず、猥雑かつニヒリスティックなイメージで人気を博すローリング・ストーンズをビートルズ以上に敵視していた者たちは、大いに溜飲を下げた。

パブリック・イメージを理由にことさら厳しく処遇するようなことは認められない、との論説を出した『タイムズ』紙をはじめ、有力新聞の多くは見せしめと思《おぼ》しきこの裁判に批判的だった。それでも、「許容の上げ潮」への歯止めが必要だと力説した内相キャラハンのさきの発言と並んで、「許容」を懐深く受けいれる環境が失われつつあることが如実に示されたのは間違いない。

ブリクストン刑務所に送致されるミック・ジャガー，1967年6月29日

そして、1968年10月には今度は

ジョン・レノンが大麻所持で逮捕され、罰金刑を受ける（翌年3月にはジョージ・ハリスンも）。ビートルズといえども見逃してもらえないくらいにまで、ドラッグへの批判が強くなってきたのである。

モラリズムのクルセイダー

第4章で「許容」を批判するモラリズムにとっての足がかりとして、ポルノグラフィ、ドラッグ、移民の三つを挙げたが、なかでも最も早くから使われたのはポルノグラフィであった。

本章では、性にかかわるモラリズムを唱えた者たちのなかでも、ひときわ目立つ存在だったメアリ・ホワイトハウスをとりあげる。テレビ番組のセックス（と暴力）描写を告発するテレビ浄化運動（1964年〜）で有名になり、やがて映画や雑誌にもターゲットを広げて、モラル再興のための闘いの先頭に立った「モラリズムの聖戦戦士《クルセイダー》」である。彼女が率いたモラリズムの運動は、文化革命や「許容」とは違う1960年代のもう一つの面を見せてくれる。

ホワイトハウスが唱えたモラリズム自体はごく凡庸《ぼんよう》、特筆すべき点はほとんどない。要するに、芸術的価値など一顧だにせず、セックス・シーンを含む作品、セックスをあけすけに語る作品、不倫や同性愛を扱う作品は悪だと指弾し、セリフや歌詞の一言半句に難癖をつけて、「許容」がもたらした堕落にキリスト教と家族の理想を対置するのである。

しかし、主張はとことん凡庸でも、飽くことを知らぬしぶとさは際立っていた。抗議すべき対象を見つけると、彼女は署名運動や集会を組織し、当該の番組や歌の放送禁止、芝居の上演禁止、特定の出演者の出演とりやめを要求して、裁判に訴えることも辞さなかった。さらに、毎日のように演説に飛び回り、議員への陳情を通じて法的規制を求めた。

84歳になる1994年まで、驚嘆すべき粘り強さで事実上同じことを主張しつづけた結果、当初は馬鹿にされがちだった「モラリズムおばさん」は徐々に認知され、1980年にはCBE勲章（イギリス帝国三等勲章、ビートルズやクワントよりも格上）まで授与される。いわば一風変わった「スター」として居場所を築いた彼女の影響力は、軽んじられない。

「あらゆる基準に照らして異常な年」

1910年6月13日にイングランド中部のナニートンで生まれたホワイトハウスは、20歳のときに既婚男性との恋愛に悩んだ経験から（本人曰く、性的関係はなかった）、35年に「絶対正直」「絶対純潔」「絶対無私」「絶対愛」を掲げるキリスト教原理主義的かつ右翼的な信仰復興運動＝道徳再武装《モラル・リアーマメント》に参加した。中学校で美術教員を務めるかたわら、ジャーナリズムにしばしば投稿し、『サンデイ・タイムズ』紙に寄せた同性愛批判の文章で注目を集めたこともあった。

『チャタレー夫人の恋人』を焼却するメアリ・ホワイトハウス

転機が訪れたのは、「あらゆる基準に照らして異常な年」と彼女が呼んだ1963年である。ジョン・ロビンソン『神への誠実』（第4章）をめぐる論争もさることながら、この年に最も耳目を集めたのはプロフューモ事件であった。ソ連大使館付き武官とも性的関係があったコールガールに軍事機密を漏洩《ろうえい》した疑惑で、マクミラン政権の陸軍相ジョン・プロフューモが辞任した事件であり、翌年の総選挙で保守党は敗北する。この20世紀最大の政界セックス・スキャンダルほど、保守党とその後ろ盾であるエスタブリッシュメントの腐敗に対する世間の怒りと好奇心を掻き立てた事件はなかった。

しかし、ホワイトハウスがより直接的に衝撃を受けたのは、BBCの討論番組がセックスの話題をとりあげるようになったことである。中学校で性教育を受けもっていた彼女は、生徒たちが「同性愛」「売春」「性交渉」といったことばを平気で使い、「なによりも楽しみのために」性的関係を結んだとメディアで公言するクリスティン・キーラー（プロフューモ事件のコールガール）の物真似までしていることに危機感を募らせた。彼女の認識では、1960年のチャタレー裁判が開いた「猥褻と許容の水門」が、63年には洪水を起こしはじめていた。

まだまだ性的には奥手だった時代のこと、信心深い堅物の女性教員が狼狽《うろた》えるのは無理もなかったかもしれないが、たとえば、ポップ・ソングの歌詞への心配はいかにも彼女らしい。「「愛しくて我慢できない」だの「明日では遅すぎる」だの。子どもたちはこうしたことばの多くを額面通り受け取るが、その背後にあるポルノグラフィックな考えによって不断に洗脳されている」。

テレビ浄化運動

1964年1月、53歳のホワイトハウスは教区司祭の妻とともにテレビ浄化運動を発足させ、家庭に「不信心と懐疑と汚辱」「乱交と背信と泥酔」を無遠慮に垂れ流すテレビとの闘いに踏み出した。主敵はBBCである。

テレビの害を訴える彼女に共感する人々は少なくなく、発足にあたって発表されたマニフェストには37万筆近くの署名が寄せられた。1964年5月5日にバーミンガムで開催した集会は、全国から支持者が集まって2000人収容の会場に立ち見が出る盛況となり、ジャーナリズムでも大きく扱われた。ホワイトハウスが知名度を獲得する第一歩であった。

積み上げられた署名簿とホワイトハウス

バーミンガムにおける彼女の演説は、「公衆のテイストのみならず最善の国益をも害する番組」を放送するBBCと自分たちとの対抗図式を明快に描いた。「私たちの民主的な生活様式はキリスト教信仰に深く根差しています〔中略〕私たちは唯物論哲学によってこの国がコントロールされることを、子どもたちの精神が影響を受けることを望むのでしょうか？」民主主義社会の基礎＝キリスト教とそれを侵蝕する唯物論、という構図である。彼女は唯物論を世俗主義ないしヒューマニズムとも言い換えたが、彼女がいうヒューマニズムには「無神論的な人間様至上主義」といった意味が込められている。こうした用語法はホワイトハウスに特有のものではなく、モラリストの間ではよく見られた。

また、バーミンガムの集会の登壇者には、カルチュラル・スタディーズのさきがけと評される名著『読み書き能力の効用』（1957年）の著者リチャード・ホガートもいた。ホワイトハウスの保守的なモラリズムに同調するつもりはなかったが、それでも、伝統的な労働者階級文化を脅かす商業化・規格化された退廃的で浅薄な大衆文化（第1章で触れた文化の「アメリカ化」とも重なる）の浸透を深く懸念していたホガートは、彼女が「社会におけるテレビの役割に関する正当な問題」を提起したことを慧眼《けいがん》と認め、好ましからぬ番組が多いと考える点でも一致していた。自由の拡大が「果てしなく無責任な快楽追求」にばかり帰着していることに対するホガートの危機感も、「許容」批判と共鳴するところがあった。「豊かな社会」を批判的に捉え、文化の重要性とメディアの影響力に着目した点では、どんなに政治的見解を違えていようと、ホガートだけでなく、ニューレフトもホワイトハウスとそう離れていたわけではない。

全国視聴者協会

テレビ浄化運動は１９６５年11月に全国視聴者協会へと発展する。運動を恒常的な組織にしたのであり、ホワイトハウスはこの発展を「抗議から参加へ」と表現した。「参加」が意味するのはテレビ番組の内容に視聴者の声を反映させることであって、聖職者や教員、親や女性団体の代表から成る独立の視聴者委員会を設置し、番組について意見を述べさせることが全国視聴者協会の要求の眼目となった。視聴者の声が番組に反映されれば、もっとキリスト教に即した内容になる、という単純素朴な見通しである。

全国視聴者協会のメンバーの４分の３を占めたのはホワイトハウス自身に似た信心深い女性たち、それなりの年齢に達した主婦や退職者が多かった。メンバー数は１９６８年で７０

00、1970年代半ばのピーク時で3万1000である。
党派的・宗派的な中立が全国視聴者協会の原則であり、メンバーには保守党支持者が多かったものの、保守党との間に緊密な連携関係が築かれることはなかった。教会も、若干の聖職者は別として、総じて距離をとった。最大の代弁者となった新聞は「許容と放縦のゴスペル」を厳しく批判する保守派の大衆紙『デイリー・メール』、1966年の発行部数は230万部であった。

有力な支援者には、マクミラン政権の情報相であったウィリアム・ディーデズやイーデン政権で海軍相、マクミランおよびダグラス゠ヒューム政権で教育相を務めたクウィンティン・ホッグ、同性愛の合法化に尽力した後に同性愛批判の側に回り、ポルノグラフィ規制にも熱心だった労働党の上院議員ロングフォード卿（ウィルソン政権で閣僚を歴任）、マルクス主義者からキリスト教モラルの唱道者へと転じ、全国光の祭典にもコミットした著名なジャーナリスト・風刺作家マルコム・マガリッジなどがいた。全国光の祭典とは、キリスト教モラルの復興を掲げて、1971年9月25日にトラファルガー・スクエアとハイド・パークで3万人規模のデモンストレーションを開催した反「許容」運動である。

全国視聴者協会の設立に合わせ教職を離れたホワイトハウスは、1994年に引退するまで、万事を取り仕切った。年次大会こそ開催されたものの、活動方針はほとんどが彼女の独断で決められ、テレビ出演も新聞への寄稿も裁判も彼女がほぼ一手に引き受けた。記者会見で番組を告発するときも、街頭で署名運動を展開するときも、議員に陳情をするときも、前面に出たのは彼女だった。他のメンバーはといえば、取り組んだのは番組内容のチェックを踏まえたテレビ・ラジオ局への抗議の手紙の送付と署名活動、集会の開催くらいであった。

サイレント・マジョリティ

全国視聴者協会は「サイレント・マジョリティ」を代表している、とホワイトハウスは繰り返した。1969年にアメリカ大統領リチャード・ニクソンが、「ヴェトナム反戦を声高に叫ぶマイノリティ」と「ヴェトナム戦争を支持する目立たないが良識あるマジョリティ」とを対置させたことで広まった表現だが、ホワイトハウスはそれ以前から「サイレント・マジョリティ」のレトリックを用いていた。「声の大きなマイノリティから支持を得ているとはいえ、これらの〔「許容」に向けた〕改革が普通の国民のマジョリティの願いを代表しているなどと信じるのは間違いだろう」、といった調子で。

おそらく、「サイレント・マジョリティ」の代表だと自称する際、彼女が最も頼りになる根拠と考えたのは、テレビ浄化運動の発足から3年間で3万5000通に達した彼女への共感の手紙や、請願に寄せられた膨大な数の署名であった。たとえば、全国光の祭典と共同で組織した署名には135万筆が集まり、これは1981年猥褻物陳列法として結実する。

なんの変哲もない一介の元教員ながら、「サイレント・マジョリティ」の思いを担う自分

署名の提出に付き添った支持者たち，1973年４月

および全国視聴者協会の最大の敵が、一握りのエリートが支配するＢＢＣであった。ポピュリズムが得意とする「庶民対エリート」の対抗図式である。「許容」の風潮を煽って「左翼的・無神論的・人間様至上主義的なプロパガンダ」を垂れ流すＢＢＣという「エスタブリッシュメントの前衛」に、権力とは無縁の「サイレント・マジョリティ」が「歴史的に試され済みのコモン・センス」を掲げて勇敢に闘いを挑むわけである。

１９６９年の世論調査によれば、テレビその他の場でのセックスの露出が過剰であると考える者が77％に上った。社会の急速な変化への違和感を直感的にことばにしたホワイトハウスは、実際に「マジョリティ」であったかどうかはともかく、決して小さくない規模で存在した人々の思いをたしかに汲み取っていた。

2　聖戦の敵——ＢＢＣからビートルズまで

キリスト教の危機

ホワイトハウスの精力的な活動の原動力は、社会の基盤たるべきキリスト教が脅かされている、という危機感である。目の前で進む「クリスチャン・ブリテンの死」を、彼女は「20年前に戦場で直面したのと同じくらい深刻な危機」と受けとめた。毎朝ベッドで聖書を読み、朝食前の祈りから一日を始める彼女にとって、イギリスが「キリスト教国」であり「キリスト教に基づく生活様式」を堅持すべきことはすべての大前提であった。

ホワイトハウスによれば、キリスト教の危機に最も重大な責任を負っていたのは教会指導者であった。第4章で述べた通り、１９６０年代の教会は「許容」の風潮にあえて抗わず、概してそれを容認したのだが、こうした対応は規範やモラルの砦となる責任を放棄するに等しいと彼女は批判した。

この間、教会の一部のセクションが、時には指導部までもが、恥ずべきことに、ゴスペルを擁護し唱道できなかった責任は重い。やる気満々のヒューマニストたちが無神論や無神論的な態度を国中に広めることを許し、それを助長さえしてしまったのは誤りであ

った。（*Mightier than the Sword*）

その結果、イギリスは、「正直が正しいこと、親や教員や法を認め尊重すべきこと、乱暴なことば使いや不敬や猥褻がそもそも誤りであること、破壊行為や暴力行為に正当化の余地はないこと、密通や不倫が道徳に反すること、中絶が悪であること、男色が罪深いこと、殺人が最悪の犯罪であること」にさえ、疑いがもたれる「神なき社会」になってしまった。「わが国の家庭生活や国民生活の中核に神を再び取り戻すような番組」を放送させることが、絶対に必要である。危機感の切迫ゆえなのか、歴史上の殉教者たちと同じく、自分たちも「火に焼かれる必要がある」とまで彼女は口にした。

コミュニストの陰謀

イギリスを堕落させようとヒューマニストやコミュニストが陰謀を企んでいる、これがホワイトハウスの持論であった。よきクリスチャンの対極にいるのが神をも恐れぬヒューマニスト、なかでも最も悪質だと彼女が指弾したのがコミュニストである。こうした意味で、彼女のモラリズムはまごうかたなき冷戦時代の言説であり、政治的含意を濃厚に帯びていた。

彼女にいわせれば、セックス描写だらけのテレビ番組を放送し、ポルノグラフィを蔓延させ、乱交や安易な離婚、同性愛を促して家族を蝕むことは、キリスト教に支えられた西側世界を崩壊させようとするコミュニストの策動に他ならない。「性的な「好き放題」は問違いなく徳と家族生活を破壊し、それは必然的に政治的な無秩序、私たちの文化と民主的な生活様式の破壊に連なる」。ホワイトハウスの見るところ、コミュニストの侵入により、BBCは「キリスト教信仰と民主的生活様式の基礎を破壊する考えをもった者たちの宣伝機関」と化していた。

さらに、彼女は、1945年4月のリチャード・ディンブルビー（第1章）の歴史的報道がBBCで再放送された際、「不快な押しつけ」だと斬って捨てた。ナチス・ドイツのベルゲン・ベルゼン強制収容所に解放後初めて足を踏み入れ、言語に絶する凄惨な実態を伝えた、今日まで語り継がれる報道である。また、ヴェトナム戦争報道も平和主義の宣伝だと決めつけた。『キャシー・カム・ホーム』（第1章）にしても、「左翼プロパガンダ」以外のなにものでもない。いずれも、冷戦の敵を利する、という趣旨の発言である。

ホワイトハウスの認識では、キリスト教への攻撃と西側世界の民主主義への攻撃は同根、「どちらかが攻撃されるようになれば、両方が攻撃を受けるのと同じ」であった。キリスト教、キリスト教に裏づけられた家族、家族を基礎単位とする民主主義は、いわば聖なる三位一体を成すのである。容易に想像できるように、伝統的な「男らしさ」や「女らしさ」の自明性を問うフェミニズムも、家族の崩壊をもたらすとして敵視された。

嘆かわしきBBC

ホワイトハウスが一貫して主敵に据えたのは、「キリスト教国の公益機関」にあるまじき番組を放送するBBCであった。批判の拠り所は、「善良な嗜好や品性に不快感を与える」、「犯罪や……秩序の混乱を後押しないし煽動する」、「公衆の感情を逆撫でする」放送を禁ずる1964年テレビ法である。「神ではなく人間が中心となる社会へと導こうとしている」BBCの嘆かわしい現状が、この法に抵触することに議論の余地はないと彼女は断じた。

BBCは1922年のラジオ放送に起源をもち、27年に勅許を得て公共放送局となった。国民のモラルを導く役割を重視した初代会長ジョン・リース（在任1922～38年）は、啓蒙的な教養番組に力を入れるとともに、圧倒的多数の国民が信じるキリスト教を番組で攻撃したり疑問視したりしないことを基本方針とした。しかし、テレビが普及し、民放局との競争が激化した1960年代には（1955年のITV設立まではBBCの独占）、BBCは娯楽番組に力を入れるようになり、それに伴って、リース時代のような自主規制は緩和される。

1960年代のBBCが、キリスト教への敬意だけでなく、愛国心、母性愛、節制、非暴力、権威の尊重といった揺るがせにしてはならぬ価値や規範を投げ捨てていることを、ホワイトハウスは繰り返し非難した。番組に見られる暴力、冒瀆《ぼうとく》、乱れたことば使い、そしてなによりセックス描写こそ、BBCの堕落の最悪の表現であった。

彼女の仇敵《きゅうてき》として立ちはだかったのが、1960～69年にBBC会長の座にあったヒュー・カールトン・グリーン（グレアム・グリーンの弟）である。BBCは社会の「自由化」を先導すべきだ、が持論であった。1963年には教会や王室についてのジョークを禁ずる長年の慣行を廃止するなど、彼は「許容」の流れに沿って伝統的な良識や規範を吟味し直すことを厭わず、リースの路線に沿った学級委員的なBBCからの大転換を実行した。『ウェンズデイ・プレイ』（第1章）のような意欲的な番組の放映が可能だったのも、グリーン時代なればこそのことだった。

ホワイトハウスの抗議や要求に、グリーンは対決姿勢で臨んだ。彼女を「狂った老女」、「ナチス・ドイツないしコミュニスト・ロシア」的な「全体主義」の体現者と評し、全国視聴者協会はポピュリスト集団だと断言したばかりでなく、彼女が求める面談を拒否して、BBCにはいっさい出演させなかったのである。いうまでもなく、視聴者委員会の設置などという提案は一顧だにしなかった。結局、視聴者委員会に相当する放送規範評議会が設置されるのは、ようやく1988年になってからである。

ヒュー・グリーン

『死がわれらを分かつまで』

とはいえ、ホワイトハウスのBBC攻撃にまったく成果がなかったわけではない。一例を挙げよう。1965～68年と72～75年にBBCで放送されたコメディ・

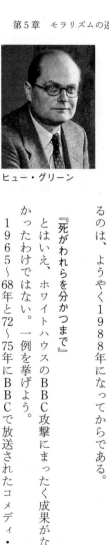

ドラマ『死がわれらを分かつまで』は、労働者階級の日常をリアリズムで描いた、『コロネーション・ストリート』（第1章）以来のソープ・オペラの王道に則《のっと》った番組であり、最盛期には1800万人が視聴する大ヒット作となる。ジョニー・スペイトの脚本がストーリーの根幹に置いたのは世代間、特に伝統的で保守的な主人公アルフと社会主義者を自称する怠け者の娘婿マイクの間のギャップである。

保守党を支持する信心深い白人労働者、移民排斥を公言する人種主義者にして王室を崇拝する帝国主義者、ソ連も中国も労働党も嫌いな反社会主義者として造形されたアルフは、人気キャラクターとなった。第4章で見たような移民排斥が叫ばれる時代状況に、実にうまくはまったのである。アルフのセリフを一つ紹介しよう。

戦争の前には黒人の問題を解決するための実験をやっていたんだ〔中略〕奴らが大きく育たないようにする実験をな。煙突掃除にはぴったりだ。〔中略〕こまごました女の仕事をさせるのに実にうってつけだったはずだ。ウイメンズ・リブなんて問題をなくせたかもしれんな。

（"Till Death Us Do Part" and the BBC）

「神を信じ、女王に献身する愛国者」であるアルフが、いつも酔っ払い、大声で差別的なことばを連発する「誰もが嫌うような人物」に仕立てられている、と立腹したのがホワイトハウスである。1967年1月には首相ウィルソンに公開電報を送り、「汚らしく冒瀆的」なこの番組に責任をもって対処することを要求した。

彼女への共感はさして広がらなかったが、脚本のスペイトがあえて挑発に出たため、ことは大きくなる。ホワイトハウスはファシスト的な人種主義者だと発言したのである。これに抗議してBBCを訴追したホワイトハウスは300ポンドの賠償を得たが、火に油を注ぐかのように、スペイトは1967年2月27日放映回でこんな場面を描いた。自慢げに本を読んでいるアルフに、なにを読んでいるのかとマイクが問う。ホワイトハウスの本であることがわかると、マイクはせせら笑うが、アルフはこうやり返す。ホワイトハウスには「この国を丸ごと浄めてほしい」、「汚らしい外国人や下劣な犯罪をみんな退治してほしい」。アルフをホワイトハウス支持者に設定して、反撃したのである。

『死がわれらを分かつまで』右端がアルフ

ホワイトハウスの攻撃の矛先は、アルフの描写ばかりでなく、教会や王室に悪態をつくマイクのセリフにも向けられた。一人しか子どもを産まなかった聖母マリアはピルを使っていたに違いない、などというセリフを聴き流すことは、彼女には到底できなかった。『死がわれらを分かつまで』は「左翼過激派のための党派的な政治放送」に等しく、こんな番組を「家族の誰もがテレビを観る時間帯」に流すのは許しがたい、と彼女はドラマの内容およびセリフの抑制をBBCに要求した。

1967年7月にBBC理事会の議長にヒル卿が就任すると、事態は急展開を見せる。民放局を統括する独立テレビ公社の会長を務めていた頃（1963〜67年）からの知り合いであるホワイトハウスの言い分をヒルは受けいれ、「よきテイストという基準から意図的に逸脱しない」という方針を就任早々に打ち出した。これに反発したグリーンは辞意を表明し（実際に辞任するのは1969年3月）、「脚本への検閲」に抗議したスペイトも『死がわれらを分かつまで』の執筆を中止する。ヒルを介して、ホワイトハウスの批判がグリーンの「自由化」路線と『死がわれらを分かつまで』の放映を妨げたことになる。放映が再開されるのは1972年である。

「神への冒瀆」裁判

1970年代に入ると、ホワイトハウスはテレビ以外の媒体にも攻撃を仕掛けるようになる。1972年創刊の隔週刊新聞、ゲイの権利の拡大を求める運動の一翼を担っていた『ゲイ・ニューズ』を相手どった訴訟を見ておこう。

問題にされたのは、1976年6月の『ゲイ・ニューズ』紙に掲載されたジェームズ・カーカップの詩「あえてその名を語る愛」であった。カーカップは、東北大学、日本女子大学、名古屋大学などでも教鞭をとった高名な詩人、著述家であり、邦訳も多い。問題の詩は、磔《たっ》刑《けい》で息絶え十字架から降ろされたキリストにローマ兵が舌を絡めてキスをし、遺体の傷跡や性器を舐めたうえ、自身も全裸となって遺体を抱きしめる様子を描いており、最後には復活したキリストがローマ兵の前に現れる。

１９７６年11月にこの詩を知ったホワイトハウスは、「まさに根源的」なショックを受けたという。「20世紀の武器を使ってキリストを再び十字架に架ける」がごとき「キリスト教信仰に加えられてきたあらゆる攻撃の頂点」だ、と。彼女は訴追を決意する。

争われたのは冒瀆文書誹毀《ひき》罪である。刑法上の冒瀆罪は１９６７年に廃止されており、彼女はコモン・ロー（成文法ではない慣習法ないし判例法）を論拠に訴訟を起こしたことになる。神への冒瀆を争う裁判はイギリスでは実に半世紀以上ぶり、さすがに時代錯誤的ではないか、といった批判が高位聖職者まで含めて広がった。

しかし、１９７７年７月12日、『ゲイ・ニューズ』社と編集長デニス・レモンに冒瀆文書誹毀罪での有罪が判決される。この判決こそ、ホワイトハウスが達成した最も物議を醸す成果であった。この判決ゆえに「あえてその名を語る愛」が注目を集め、多くの人々に読まれたのは、彼女の意に適ったことではなかっただろうが。

１９７８年１月には、議員、大学教員、聖職者など、総勢１４０名が名を連ねる判決への抗議声明が発表され、保守派の論壇誌『スペクテーター』さえ、訴追は異常、評決は見当違

MADAM, DO YOU THINK SIXTH FORMERS SHOULD BE TAUGHT ABOUT HOMOSEXUALITY?
GOOD HEAVENS NO! WE MUST PROTECT OUR CHILDREN FROM SUCH INFORMATION.
SHOULD 'GAY NEWS' BE AVAILABLE AT PUBLIC LIBRARIES?
ABSOLUTELY NOT! WE MUST PROTECT OUR CHILDREN FROM SUCH PUBLICATIONS
SHOULD THE AGE OF CONSENT FOR HOMOSEXUALS BE THE SAME AS FOR HETEROSEXUALS?
CERTAINLY NOT! WE MUST PROTECT OUR CHILDREN FROM SUCH PEOPLE.
EXCUSE ME, MADAM, YOUR TWO ELDEST SONS HAVE BEEN ARRESTED FOR QUEERBASHING. THE CHARGE IS 'ATTEMPTED MURDER'.
TWO OF MY CHILDREN? I MUST GO AND PROTECT THEM...
ホワイトハウスの諷刺画（『ゲイ・ニューズ』1979年11月

い、量刑は過剰、と批判した。しかし、上訴を棄却された（ただし、レモンに対する執行猶予付き禁固刑は破棄）『ゲイ・ニューズ』社とレモンが判断を求めた議会上院（最高裁判所の機能を兼ねる）も、ホワイトハウスを支持した（1979年2月）。

この裁判をめぐってホワイトハウスに向けられた敵意は、批判には慣れているはずの彼女もたじろぐほどの激しさとなった。5000人が集まった1978年2月11日の抗議集会では、「メアリ・ホワイトハウスを殺せ！」と書かれた旗が翻り、彼女をヒトラーに準えたポスターも登場した。

汚らわしきロック

セックスやドラッグ、若者の反抗といったテーマを扱う歌にもホワイトハウスは神経質に反応し、歌詞の片言隻句に噛みついて、テレビ出演とりやめや放送禁止を迫った。全国光の祭典に肩入れするクリフ・リチャードを例外として、ロック全般が汚らわしく警戒の対象であった。

彼女の解釈では、ビートルズの「プリーズ・プリーズ・ミー」の歌詞は「ポルノグラフィックな感覚」を帯びており、若者に悪影響を与える。「僕を喜ばせてほしい」に性的な意味を読み込んだわけだが、こうした解釈は必ずしも特異ではなかった。たとえば、ケンブリッジ大学の文学者ディヴィッド・ホルブルックによれば、「ツイスト・アンド・シャウト」は「性行為中の叫び声」を含意し、歌いながら頭を振るのは「性的エクスタシーにとりつかれた人間」の表現であった。

さらに、ホワイトハウスは、ビートルズ製作のテレビ映画『マジカル・ミステリー・ツアー』（1967年）に収められた「アイ・アム・ザ・ウォルラス」の一節「おいおい、行儀の悪い女だな、下着を脱いじゃって」（レノン&マッカートニー）にも黙っていられず、放映を予定していたBBCに対し、この曲がかかる場面のカットを要求した。グリーンはこの要求を拒否したが、それによってヒルとの対立が深まり、最終的にグリーンがBBC会長職を退く一因となる。

もちろん、ビートルズ以外もホワイトハウスからの批判にさらされた。ミック・ジャガーはマイクを男性性器のように扱い、神を冒瀆する歌詞を歌っている、ジミ・ヘンドリクスはギターを女性の身体に見立てている、など、ここまでくるとほとんど滑稽でしかないが、彼女はいたって真剣であった。根底には、「不健全」な少数派が音楽業界に入り込み、「社会を基礎づけてきた規範を全面的に破壊する」ように若者をそそのかしている、といった陰謀論があった。

3　聖戦の成果——認知される「モラリズムおばさん」

反　撃

呆れるほどの執拗《しつよう》さでモラリズムを唱えつづけたホワイトハウスの奮闘は、法のかたちでもいくつかの成果を収めた（5-1）。しかし、いずれの法にもホワイトハウスが求めたほどの厳しさは欠けていた。

また、1988年に設置されたテレビ番組の監督機関＝放送規範評議会にしても、全国視聴者協会の設立当初からの要求の実現ではあったものの、彼女曰く「極小」な権限しか与えられなかった。彼女が活動した30年間にテレビ番組のセックス描写がきわどさを増していった事実は否定すべくもない。

その独善的でしばしば見当はずれな言動ゆえ、多くの人々はホワイトハウスにうんざりし、時に嘲った。1975年には出版社ディヴィッド・サリヴァンが彼女の名を表題にしたハード・コア雑誌を刊行、BBCは89年に『ザ・メアリ・ホワイトハウス・イクスピエリエンス』と題する風刺コメディ番組を開始した。いずれも、彼女が嘲りやすい「色物」だったからこそできた反撃といえよう。

5-1　ホワイトハウスの成果

1978年	児童保護法　年少者を使ったポルノグラフィを規制
1981年	猥褻物陳列法　ウィンドウ・ディスプレイや雑誌の表紙を規制
1982年	地方自治法　居住地区のセックス・ショップを閉鎖させる住民の権限を強化
1984年	ヴィデオ録画法　レンタル用ヴィデオに等級分けを要求
1990年	改正放送法　従来は猥褻出版物だけに適用された罰則規定をテレビ放送にも拡大

ピンク・フロイドのアルバム『アニマルズ』（1977年）に収められた「ピッグズ（三種類の）」は、次のような歌詞を含む。「おいホワイトハウス、ハハ、あんたは見せかけのまがいものだよ〔中略〕悪の風潮を食い止めようと、すべてをなかに閉じ込める〔中略〕メアリ、あんたはおもしろい、だけどあんたを見ると泣けてくる」（ロジャー・ウォーターズ）。なにかと難癖をつけてくる目障《めざわ》りな「モラリズムおばさん」を馬鹿にするのは簡単だったわけだが、折に触れて嘲られたことで、ホワイトハウスの知名度がアップしたことも事実である。

モラリズムの浸透――ノスタルジアのシンボルへ

彼女の聖戦の成果は、「モラリズムおばさん」の存在を認知させたことにあったのかもしれない。嘲けられ反撃を受けたからといって怯《ひる》むことはなく、それどころか、彼女の確信は深まるばかりだった。四面楚歌で孤立しようが、「このような孤独感のなかで、孤独感のなかでだけ、人はキリストを見出すのだ」と自分に言い聞かせられる信心の強さには、脱帽するしかない。

確認されるべきは、攻撃を浴びれば浴びるほど、彼女のモラリズムに共鳴する人々の支持は強まったことである。「いまや彼女の名前はおなじみのものとなっています。敵による非難こそが、彼女を有名にしたのです」。サッチャーの政治上の師であったキース・ジョゼフのこのことばは的を射ていた。彼女の狭量と独りよがりは人を辟易とさせたが、それでも、行き過ぎた「許容」はモラルの崩壊を招くという少なからぬ人々が抱く漠然たる不安に、彼女が明快な声を与えたこともたしかである。人を閉口させることなど意に介さず、倦《う》まずたゆまず指弾を繰り返した結果、ホワイトハウス流のモラリズムが多少とも国民に浸透していったことは過小評価できない。

1970年代半ばには、自分の主張がかつてよりも受けいれられている、との手ごたえを彼女は摑むようになる。たとえば、1971年にケンブリッジ・ユニオン（1815年創立の名門ディベート・ソサエティ）での討論に参加した際には、ホワイトハウスはほぼ孤立無援だったのだが、その5年後、同じケンブリッジ・ユニオンにおける討論では、「検閲の悪はポルノグラフィの悪よりも小さい」という彼女の主張が331対151で勝利した。1970年代半ばのイギリスは「1960年代よりも総じてモラルの点で健全だ」と彼女が断言できたように、「許容する社会」への懸念は着実に広がり、モラリズムの影響力は強くなってきていた。前述の通り、全国視聴者協会のメンバー数が最多になったのも1970年代半ばである。

もちろん、「許容」批判を口にしたのはホワイトハウスだけではない。しかし、絶え間なく騒ぎを起こした彼女の知名度は群を抜いていた。嘲りを交えつつも、テレビ（1970年代以降はBBCも）は彼女を出演させ、新聞・雑誌は彼女の記事を掲載し、国民も彼女の言動をいわば消費した。あのおばさんがまたイチャモンつけてるぞ、よくもまあ飽きもせず、などと半ば呆れながら眺めているうちに、彼女の主張に含まれる「正論」ないし「一理」を受けいれていった者たちは確実にいただろう。ポピュリズムの得意技である。時間の経過とともに、「モラリズムおばさん」は古きよき時代へのノスタルジアのシンボルとなり、その主張はじわじわと浸透した。

1960年代の産物としてのホワイトハウス

本章の最後に、1960年代的な存在としてのホワイトハウスについて考えておきたい。彼女がおよそ1960年代的とはいいがたい保守的なモラルの信奉者だったことは、論をまたない。しかし、その一方、夫の献身的な支えを得て表舞台に立ち、攻撃的にガミガミとクレームをつける彼女のふるまいは、「許容する社会」が女性の言動への制約を弛くしたからこそ可能だったともいえる。「許容」批判の急先鋒は、実は「許容」の時代から追い風を得ていたのだ。

また、どんなに批判を浴びようとも「私はこれが嫌だ」という思いを譲らない、こうした彼女のスタイルも、旧来の制約やマナーなど気にせず自由に「自己」を表現すべきだ、という1960年代の風潮に沿っている。「大切なのは、誰もが率直に意見を述べ、聴いてもらうようにすることです」「民主主義では誰もが聴いてもらう権利をもっています」といった彼女の言い分は、実に1960年代的に響く。

「サイレント・マジョリティ」を代弁しているとの自負があったにせよ、ホワイトハウスの公的発言の内実は私的な自己主張であった。「私はこう思う」をすべてに優先する彼女の言動は、他人、特にエリートの専門家や言論人がなんといおうが、「自分の思い」に従って行動することは正当だ、という微動だにしない確信に支えられていたように見える。そして、こうした彼女のふるまいには、伝統的に女性に求められてきた自制とも謙譲とも縁遠い攻撃性で、保守党の重鎮たちの顰蹙《ひんしゅく》を買うサッチャーの「信念の政治」を予感させるものがある。

さらに、ホワイトハウスが率いた全国視聴者協会にも、1960年代的な性格が見てとれる。政党に依存せず、草の根へのアピールを主たる戦術とし、女性を前面に出す、といったやり方は、二大政党への失望やエスタブリッシュメントへの苛立ちが広がり、フェミニズムが勃興してくる時代状況を間違いなく反映している。キーワードとされた「参加」は、学生が大学の意志決定への関与を求める際によく使われたことばであり、ニューレフトのいう

「参加型民主主義」とも通ずる。

モッズやヒッピーと同じく、ホワイトハウスにも1960年代の産物という面がある。したがって、単に時代の流れに頑迷に逆らった人物としてだけでなく、きわめて1960年代的に行動した人物としても彼女は把握されるべきだろう。「許容」の方向へ変化しつつあった社会は、彼女の凡庸なモラリズムと傍若無人にわが道を行く騒々しい運動をも「許容」したのである。

第6章　サッチャリズムとモラリズム

1　サッチャーのもう一つの課題――モラルの再興

「食料雑貨店の娘」から保守党党首へ

本章の主人公マーガレット・サッチャーの略歴を紹介しておこう。

サッチャー（旧姓ロバーツ）は、1925年10月13日、イングランド中部のグランサムに生まれた。家庭は食料雑貨店を営み、両親ともにプロテスタントのなかでも禁欲的な性格が強いメソディズムの熱心な信徒であった。刻苦勉励《こっくべんれい》によりグランサム市長にまでなった父アルフレッドは、質実剛健の生活信条を娘に叩き込んだという。

オクスフォード大学在学中から保守党の活動に尽力、政治家を志すようになるが、地方の下層中流階級の出身であり、イングランド国教会の信徒でもない女性にとって、それは容易なことではなく、卒業後は企業の研究員として働いた。1951年に実業家デニス・サッチ

初当選の頃のマーガレット・サッチャー

ャーと結婚して「食料雑貨店の娘」は富裕層の一員となり、その際に国教会信徒に転ずる。1950年と51年の総選挙では候補者として擁立されるが、いずれも保守党には勝ち目のない選挙区であった。

1959年の総選挙で、下院議員に初当選を果たす。1961年に年金・国民保険省の次官に抜擢されたのを皮切りに、サッチャーは順調に頭角を現し、64〜70年の野党時代には影の内閣のポストを歴任した。精力的な仕事ぶりを評価される一方、喋りすぎる、威張りすぎる、頑固すぎる、と敬遠されもした。伝統的な「女らしさ」から遠かったのである。

1970年の保守党ヒース政権の成立とともに、彼女は教育相に就任する。初等教育の児童へのミルクの無料提供を廃止して反発を買ったものの、総じて有能さを発揮し、1973年には義務教育年齢上限の16歳への引き上げを成し遂げた。しかし、ヒース政権はコンセンサス型統治との訣別に舵を切ろうとするも失敗し、下野する。この間、のちにサッチャリズムと呼ばれることになる政策路線を準備していたサッチャーは、1975年の党首選でヒースを破り、初の女性党首となった。

「主婦マギー」の「許容」批判

こうしたサッチャーの政治的上昇は、前章で見たようなモラリズムの動きとどのような関係にあったのだろうか？　まず確認しておきたいのは、1970年前後から、彼女が「許容」批判を頻繁に口にするようになったことである。

たとえば、地元選挙区の保守党協会における1969年の演説で、彼女は、「ビートルズもデイヴィッド・フロスト〔BBCの風刺番組の司会で有名になったジャーナリスト〕もいない、許容する社会もヒッピーも存在しなかった」1950年代へのノスタルジアを語っている。あるいは、1970年の年頭、どんな変化を70年代に期待するかと問われて真っ先に挙げたのは「許容する社会の巻き戻し」であったし、同年4月には、「許容する社会」が「社会の単位としての家族」を壊してきたとも発言している（のちに当の本人が「社会などというものはない」と言い切るのだが）。教育相だった時期には、特に性教育の現状への懸念をしきりに表明した。

意外にも、1960年代のサッチャーは中絶や同性愛の合法化（第4章）に賛成票を投じていた。これらの法はあくまでも「特殊事例」に対応するものであって、モラルの転換が意図されていたわけではない、自分は「許容」全般を支持したのではない、というのが彼女の言い分である。

保守党の党首に就任すると、「許容」批判にいよいよ拍車がかかる。1978年5月13日のスコットランド保守党大会では、以下のように明快に演説した。

私たちは奇妙な時代を生きてきました。試され済みの伝統的な価値が無視され、経験の裏づけを欠く社会学の理論がもてはやされる時代です。20年にわたって、社会分析と不分明な政治理論が、道徳と法、正と邪に関する旧来のことばが便利に忘れ去られる状況をつくってきました。

こうした嘆かわしい「許容」の時代にサッチャーが対置したのが、「古風かもしれないが〔中略〕クリーンで秩序立った」古きよきイギリスであった。

党首となったサッチャーは、チェルシーに豪邸を構える富豪の妻である現実を覆い隠すかのように、自分が慎ましい「食料雑貨店の娘」であり、家事を大切にする「主婦マギー（マーガレット）」だと強調するイメージ戦略を展開する。とりわけ重視されたのが、伝統的モラルの守り手としての自分を印象づけることであった。これは、中絶や同性愛、若者の非行やフェミニズム、といった現象に不安と違和感を覚える保守層にアピールするうえで、きわめて効果的だった。

保守党内でいえば、草の根の党員、とりわけ女性党員の間ではホワイトハウス流のモラリズムへの共感が強く、こうした人々は「主婦マギー」を歓迎した。第5章で述べたように、1970年代には「許容」批判が強まるが、この流れをサッチャーは敏感に察知し、上手にそれに乗った。モラリズムは、1970年代のサッチャーの台頭を後押しする力として作用したのである。

「主婦マギー」の演出

サッチャーが初当選した頃、彼女のような子どもをもつ既婚女性は政治の世界、特に保守党ではまだまだ異端者であった。にもかかわらず、彼女が政治家としての栄達を遂げられたのは、「許容」が広がる時代に居合わせたからに他ならない。こうした意味で、1960年代の風潮は彼女にとって追い風だったわけだが、その後、「許容」への反発が強くなっていると見ると、彼女は巧みにスタンスを転換した。あくまでも家庭を最優先する「主婦」であることを前面に出して伝統的モラルの再興を訴え、文化革命や「許容する社会」に眉をひそめる人々が安心できる政治家のイメージを纏ったのである。

経済については徹底的な自由主義者である一方、「許容」に起因するモラルの崩壊には警鐘を鳴らす、これがサッチャーの位置取りであった。経済活動にかかわる規制をできるだけ除去しようとする経済的自由主義とモラルや規範の領域への国家介入を是認する社会的・文化的介入主義とが、コンセンサス型統治に代わる二本柱になる。

「ヴィクトリア時代の価値」

「衰退」を逆転させ、「イギリスを再び偉大にする」こと、サッチャーが自らの責務と任じていたのはこれである。規制緩和や富裕層の減税、公共支出の削減といった政策を通じて、経済成長を促すことが彼女の一番の課題となるわけだが、そこにはもう一つの課題が絡み合っていた。モラルの再興である。サッチャリズムは、国民のモラルや価値観の改革を重視するプロジェクトでもあった。

1979年総選挙に勝利して首相の座に就いた直後、自身の政権の使命は「経済発展の促進」よりもはるかに大きい、「国民の精神と団結を蘇生させること」こそ肝要だ、とサッチャーは明言した。1981年5月1日の『サンデイ・タイムズ』紙に掲載されたインタヴューでは、「経済は方法であって、目的は心と魂を変えることにあります」という有名なことばを発してもいる。

経済とモラルの関係については、政治的師にあたるキース・ジョゼフの整理がわかりやすい。「経済は深層で価値観、勤労や倹約、倫理や公共精神への態度によって規定されている」。経済的繁栄にはモラルの再興が欠かせない、ということである。

サッチャーが「ヴィクトリア時代の価値」に立ち戻れと唱えたことはよく知られている。このことばで伝えたかったのは、勤勉、自助、倹約、独立独行、といった徳の大切さである。いうまでもなく、現実のヴィクトリア時代がこうした徳に充ちた時代であったか否かについては、議論の余地が大いにある。以下はあくまでも彼女なりの解釈である。

コンセンサス型統治の下で、人々は「ヴィクトリア時代の価値」を喪失した。困ったら国家が提供する福祉に頼ればよいという「依存文化」に毒され、自己責任を棚上げして安易に保護を求めるようになった。しかし、国家がどれほど手厚い福祉を用意したところで、「依存文化」にどっぷりと浸かった人々は怠惰に流れるばかりであるから、経済成長の担い手にはなれない。したがって、「衰退」は長引き、税収の多くがますます福祉に費やされることになる。こうした悪循環を断ち切ろうと思うなら、福祉のセーフティネットを簡素化（廃止）するしかない。甘えが許されなくなれば、人々は「ヴィクトリア時代の価値」を否応なく身につけ、経済成長に貢献できる人材となるはずだ。

サッチャーのいう「ヴィクトリア時代の価値」への回帰が意味するところをやや強引にまとめれば、こうなる。国家に軽々しく頼れないようにし、自己責任を引き受けさせてこそ、モラル再興と経済的復活が可能になるのである。

宗教的政治家

サッチャーの理解では、モラルの根底にはキリスト教があった。彼女が「信念の政治家」を自称し、自信満々にふるまうことができた大きな理由は、自分の政治的言動はキリスト教という「絶対の価値」に裏づけられている、と認識していたことにある。実際、サッチャーは20世紀のイギリスの首相のうちで最もはっきりと信仰心を公言する政治家であった。日常生活でも、日曜の礼拝は大切な習慣として保たれた。

「クリスチャン・ブリテンの死」が進行する時代に首相にまで上り詰めたこの宗教的政治家は、キリスト教と教会の権威失墜が懐疑と先行きの不透明感を蔓延させた時代だからこそ、なおさら強まる「たしかなものへの渇望」に応える存在であった。サッチャーの台頭には、宗教の衰退という時代の流れへの抵抗という意味があったのだ。

そして、キリスト教のうちでも、サッチャーにとって最も近しかったのはメソディズムである。敬虔《けいけん》にして厳格な信徒の娘として、子ども時代の彼女は教会で多くの時間を過ごし、華美や贅沢を遠ざけて、勤勉と自助、モラルの遵守と責務の遂行を重んずべきことを教え込まれた。オクスフォードでの学生時代にも、彼女はジョン・ウェズリー（メソディズムの創始者）協会に参加し、説教を行いもした。

結婚を機にイングランド国教会に転じたものの、彼女にとってしっくりくるのはメソディズムの方だった。お気に入りの腹心としてサッチャー政権で要職を歴任したセシル・パーキンソンによれば、「メソディズムの影響力は大変なもので、彼女は見せびらかすことを好まず、時に服装が少し派手だったことを別とすれば、ある意味で非常に質素な人だった」。他の宗派を排除しはしなかったにせよ、サッチャーが口にするキリスト教はメソディズム的な性格のものだったと考えるべきだろう。

キリスト教とサッチャリズム

サッチャーはキリスト教を個人主義に引きつけて解釈した。なによりも個人を尊重する点で、キリスト教と自らの政治信条とは一致するというのである。「十戒が与えられたのは個人に対してです。〔中略〕同じように、新約聖書も個人への、赦しと神の力を必要とする個人への言及に充ちています」。したがって、個人の経済活動の自由を最優先するサッチャリズムの経済政策こそ、キリスト教に適ったものと了解される。「私が唱道するような政治経済学とキリスト教の見識との間には神意に基づく深遠な和合がある」との確信を、彼女は失わなかった。

国家の介入を縮減・廃止し、個人が市場で最大限の自由を行使できる条件を整える一方、自由の行使が招いた失敗や災難については自己責任で受けとめることを求める、これがサッチャリズムの基本であり、「責任を伴う自由」がキーワードとなる。サッチャーによれば、キリスト教が重視する個人にも自由が与えられるだけでなく、責任も求められている。「私たちに要請されているのは、どんな他人の罪でもなく、自分自身の罪を悔い改めることなのです」。いうまでもなく、苦境に陥ったからといって国家の福祉に頼ったり、労組に結集して数の力で要求をごり押ししたりすることは、「責任を伴う自由」に相応しいふるまいではない。

では、困難を抱える隣人への責務はどう説明できるのか？　自己責任だからと放置すればよいのか？　強盗に襲われ瀕死の状態で倒れていたユダヤ人を、通りかかったサマリア人が、ユダヤ人とは対立関係にあったにもかかわらず、見捨てることなく介抱した、というルカ福音書のエピソードを持ち出して、サッチャーはテレビ・インタヴューで次のように語っている。「善意をもっていただけなら、誰も善きサマリア人のことなど覚えていないでしょう。彼にはお金もあったのです」。

サッチャーなりの隣人愛のヴィジョンを要約するなら、より大きな個人の自由↓より大きな富とより大きな他者への責任感↓実質のある隣人愛、となろう。富の増大が利己心ではなく隣人愛を生み出し、善きサマリア人のようなふるまいを促す、というナイーヴにも響く図式だが、金がなければ隣人愛にまで手が回らない、と考える点では実に殺伐としてもいる。とにかく経済活動の自由を拡大して成長を実現することが先決だ、その過程で挫折した者が痛みを味わうのは仕方ない、これがサッチャーの信ずるところであった。

パラドクス

しかし、サッチャーがどれほど信心深く、どれほどキリスト教的なことばを語ったにせよ、「クリスチャン・ブリテンの死」が巻き戻されることはなかった。宗教離れ、教会離れにはサッチャー政権期にも歯止めがかからず、彼女が退陣する１９９０年の段階で、イングランド国教会の信徒数は60年のほぼ半分に減っていた。

そもそも、サッチャー流の個人主義的なキリスト教解釈は、多くの聖職者にとって容認できるものではなかった。社会的不平等を深刻化させているとして、サッチャー政権を最も厳しく批判した勢力の一つはイングランド国教会であった。保守党と国教会の長年にわたる盟友関係にひびが入ったのである。

経済成長の基礎と位置づけられたモラルや規範、メソディズム的な質実剛健や「ヴィクトリア時代の価値」についても、サッチャーの目論見通りの成果は得られなかった。サッチャー政権は名目的な経済成長をたしかに実現したが、それは彼女が提唱したようなモラルの再興をほとんど伴わなかった。たとえば、伝統的な家族の重要性をしつこいくらいに力説したにもかかわらず、１９８０年に11～12％だった婚外子の割合は90年には28％にまで増えた。

結局のところ、サッチャー時代に創出されたのは、倹約・節制を旨とするよりは派手な金遣いをよしとし、隣人や公共への責務は二の次にして、キリスト教的な救済よりも眼前の利益の飽くなき追求を優先する徹底的に世俗化された社会であった。イギリスの復活を目指す聖戦を遂行し、幾多の敵をなぎ倒したサッチャーは、その過程で自分が大切にしてきた徳の多くを破壊することになった。サッチャリズムの大いなるパラドクスといえよう。

2 サッチャーとホワイトハウス――ほろ苦い蜜月

似た者同士

モラルの根底にキリスト教を据えるサッチャーの立論は、ホワイトハウスのモラリズムにきわめて近い。非キリスト教徒もいるにせよ、イギリス国民の大半はキリスト教の「絶対の価値によって直接・間接にインスパイアされている」という理解を、二人は共有していた。伝統的モラルの腐蝕《ふしょく》を招いた「許容」をキリスト教に依りつつ激しく攻撃する下層中流階級出身の女性という点で、二人はたしかに似通っていた。議員にならなかったとしたら、サッチャーは全国視聴者協会の熱心なメンバーだったかもしれない、ホワイトハウスにとって代わったかもしれない、などと想像したくもなる。

また、「衰退」をいかに逆転させるかに関しても、二人の考え方には重なるところが大きかった。1964年10月、首相に就任した直後のウィルソンに宛てた手紙で、ホワイトハウスは、経済成長にはモラルの再興が必要だというサッチャーを先取りするような認識を示し、「舞台やテレビ画面のセックス、暴力、破壊的風刺の絶え間ない描写」こそが経済的な活力を奪った、と論じていた。

二人の協力関係

キリスト教に基づくモラルの再興を訴えるサッチャーが政権を樹立すれば、嘆かわしい現状を根本的に変えてくれるのではないか、ホワイトハウスがこのような期待を抱いたのはごく自然なことだっただろう。

二人が初めて顔を合わせたのはおそらく1973年4月、135万筆を集めた猥褻関連法の強化・拡大を求める署名を首相官邸に提出した際のことである。このとき、サッチャーは教育相の立場で面談に応じた。互いに共感するところがあったのか、二人はその後も折に触れて連絡をとるようになる。

1977年には協力関係が強化された。児童ポルノグラフィ対策の新たな立法を唱えるホワイトハウスが、野党第一党の党首であるばかりでなく、「女性だから、関心をもってくれる〔女性はモラルと信仰の守り手だ、という含意〕」はずのサッチャーに支援を要請し、これに対してサッチャーは全面協力の姿勢を示した。結局、保守党議員シリル・タウンゼンドが規制のための児童保護法案を提出し、1978年7月に成立する。

第5章で述べたように、党派的中立が全国視聴者協会の原則ではあったが、サッチャーを支持すべきことはホワイトハウスには自明と思われた。1979年総選挙に先立って、全国視聴者協会は「ミセス・サッチャーが子どもと家族を守るためのわれわれの闘いを真剣に支持していることに疑いの余地はない」と結論し、選挙戦では精力的に保守党を支援してサッチャー政権の成立に貢献した。

首相官邸に入るサッチャー．夫デニスと，1979年５月４日

官邸入り

首相として官邸入りする際、サッチャーは聖フランチェスコのことばを口にした。不和に代えて調和を、過誤に代えて真実を、懐疑に代えて信念を、絶望に代えて希望を、との趣旨のことばを持ち出した彼女の政権が社会の分断を深めることになるのは皮肉というしかないが、ここでも自身の信心深さを演出したのである。

「私はほとんどすべてを父に負っています」という有名なことばも、このときに発せられた。「小さな町の大変に慎ましい家で私が学んだことが選挙の勝利をもたらしたに違いない、と確信しています」。「主婦マギー」が得意とする「食料雑貨店の娘」だった頃の思い出語りだが、いうまでもなく、父の教えの中核にはメソディズムがある。はっきりと宗教的な首相が誕生したのである。

政権を樹立したサッチャーにホワイトハウスが送った手紙には、こうある。


私が、自らペンをとりはしないかもしれないものの、強く貴女の勝利を望み祈願した数えきれないほどの人々の思いを語っていることに、疑いはありません。

全世界に向けて聖フランチェスコの奇跡のようなことばを述べた首相を得られたのは、素晴らしいことです。私は早くも高揚を覚えています。

(*Ban This Filth!*)


サッチャーの返信は、今後ともホワイトハウスと連携したい、との意向を表明した。首相にサッチャーを得て、ホワイトハウスがいよいよモラル再興の機は熟したと感じたのは、無理からぬところだった。

口先だけのモラリズム？

ところが、いったん権力を掌握すると、サッチャーは期待されたほど積極的にはモラリズムを打ち出さず、１９６０年代の一連の「許容」法を覆そうともしなかった。

唯一の例外は、彼女がかねてより持論としてきた死刑の復活だった。しかし、１９８３年に議会でこの問題が審議された際、保守党指導部は党議拘束を課さず、閣僚まで含めて、反対票を投じた保守党議員が少なからず出たため、復活は果たされなかった。政権内にさえ反対論が根強いときに持論をごり押しすれば、甚大な政治的なダメージにつながりかねないことを、サッチャーはよく理解していた。この点で、「信念の政治家」を自称しつつ同時にプラグマティストでもあったサッチャーは、確信犯的ポピュリスト＝ホワイトハウスとは違っていた。

ホワイトハウスが不満を募らせる事情は他にもあった。たとえば、1981年3月26日の手紙で、サッチャーはポルノグラフィ規制のための「持続的で執行可能な解決策」を模索している旨をホワイトハウスに伝えたが、ホワイトハウスが見る限り、なんらかの法案が準備されている形跡はなかった。サッチャーのモラリズムは口先だけのものではないか、という不信感が強まるのは避けられなかった。

もちろん、サッチャーが伝統的なモラルを重んじる人物だったことに疑いの余地はない。「許容する社会」の逆転はコンセンサス型統治の廃棄に向けた重要な課題であって、1970年代に彼女が見せた「許容」批判のスタンスは支持調達を当て込んだ単なるポーズではなかった。しかし、そうではあっても、彼女にとって最も喫緊の課題だったのはやはり経済成長の方であり、それに比べれば、モラリズムの優先順位は低かった。前述した通り、モラル再興と経済的復活とは不可分との認識が彼女にあったとはいえ、一朝一夕《いっちょういっせき》に達成できるはずもないモラルの改革は、所得税率の引き下げ、国営企業の民営化、といった即効性を期待された財政・経済政策に比べて、どうしても後回しにされがちであった。

さらに、サッチャリズムの経済的自由主義のテコとなる政策は規制緩和であって、サッチャー政権の下では、たとえばポルノグラフィ販売にかかわる規制が緩和されることもあった。これが性のモラリズムに真っ向から反する政策であることは間違いなく、ホワイトハウスの政権への失望はいよいよ深まらざるをえなかった。

首相になってからのサッチャーが「許容」批判を口にする場合、それは概して1960年代の労働党政権やジェンキンズ（そして、1981年に彼が中心になって結成した社会民主党）を攻撃する狙いから、あるいは、自分の失政の責任を転嫁する狙いから行われた。たとえば、「私たちは1960年代に蒔《ま》かれた種の収穫をしています」とサッチャーが述べるとき、「1960年代」とは「許容」改革を推進したウィルソン政権の64～70年を意味し、「収穫」されるのは「古くからの価値が否定される社会」というネガティヴな作物であった。

また、1981年春にロンドン南部のブリクストンで暴動が発生し、これを皮切りにロンドンの他の地域やバーミンガム、マンチェスター、リヴァプールなどへも飛び火して治安が深刻に動揺したとき、サッチャーは、空前の水準にまで失業を増加させた政権の経済政策ではなく、「許容」によるモラルの弛緩こそが暴動の原因だ、との言い分を譲らなかった。1989～90年に起こったいわゆる人頭税に反対する騒乱にも、同じような姿勢で臨んでいる。

裏切られた期待

ホワイトハウスとサッチャーは袂《たもと》を分かったわけではなく、面談の機会も設けられた。ホワイトハウスとの友好関係を維持しようと、サッチャーは1983年にはポルノ・ヴィデオ規制への賛意を表明したし、全国視聴者協会が創設したTVアワードの1984年度受賞式にわざわざ出席して、お気に入りだったBBCの政治風刺ドラマ『イエス・ミニスター』（1980～84年）に賞を手渡すことまでしている。1980年のホワイトハウスの受勲にも、彼女のご機嫌をとろうという政権の意図が込められていたかもしれない。

さらに、1987年秋の首相官邸でのレセプションにホワイトハウス夫妻を招き、89年のテレビ浄化運動の発足25周年にあたっては、次のように書き送った。「貴女は多くのことに誇りを抱いておられると思います。そして、貴女の協会が今後たくさんの記念の年を祝うことになるよう、私は希望しています」。

ホワイトハウスの側も、サッチャーを敵に回そうとは考えなかった。全国視聴者協会のメンバーに対して、政権が経済政策に追われるのは「理解できる」、首相の「家族とモラルの価値についての関心」を疑ってはならない、などとホワイトハウスは繰り返した。サッチャーが、「私たちが運動を展開してきた時期にその座に就いたすべての首相のうち、私たちへのサポートを公言した唯一の首相」だったのは厳然たる事実であり、保守党が他党よりも好ましいことも論をまたなかった。

それでも、二人の間の緊張が高まることはやはり不可避だった。１９８６年７月に内相ダグラス・ハードと面談したホワイトハウスは、直後に送ったサッチャーへの手紙で、83年総選挙の際の公約にもかかわらず、猥褻出版物法の改正・強化を図ろうとしない政権への不満を表明している。ハードから伝えられたのは「断定的な拒否だけでした」、と。

> 私が個人的に非常に苦々しく失望したのは、これがまさに「許容する社会」の頃の内務省の反応とまったく違わないことです。〔中略〕こうした事態こそ、貴女のリーダーシップの下で大きく変えられると私たちが期待したものだったのですが。
> (*Ban This Filth!*)

陳情のために首相官邸を訪れるホワイトハウスと閉口気味のサッチャー（『デイリー・ミラー』1985年４月29日）

期待が大きかった分、失望も深かったわけである。

簡単にまとめよう。サッチャーが党首へ、首相へとのし上がる過程では、モラリズムが重要な追い風となった。「許容する社会」がモラリズムの逆襲を招いた経緯が、サッチャリズムを呼び出す力の一つとして作用したことは間違いない。しかし、首相の座に就いたサッチャーにとって、時間を要すモラルの改革は最優先で取り組むべきテーマではなく、かろうじて1988年教育改革法にキリスト教教育の擁護を、同年の地方行政法に同性愛教育の実質禁止を盛り込んだくらいに終わった。伝統的モラルの再興を夢見た者たちの期待は概して裏切られた。

結局のところ、ホワイトハウスは政権の力をあてにできず、相変わらず自力で草の根から、いわば1960年代的な手法で闘うしかなかった。10年以上にわたったサッチャー政権がつくりだしたイギリスは、ホワイトハウスのようなモラリストが夢想したそれからはかけ離れていたのである。

終章　1960年代とサッチャリズム

1960年代が達成したもの

1960年代のイギリスでは、「衰退」への懸念が広がる一方、かつてなかったほどの規模で人々が「豊かな社会」の果実に与り、ファッションや音楽に代表される文化革命になによりも商品の購買によって参画した。

文化革命は限られたエリートの世界で生じたのではない。低廉化をいわば宿命とする既製服としてミニスカートが爆発的に売れたこと、あるいは、ビートルズが労働者階級の若者でも買えるレコードで楽しまれたことが示すように、それは国民の多数派を巻き込んだ現象であった。だからこそ、その影響は甚大であり、イギリスのイメージは大きく塗り替えられた。

テレンス・コンランが1964年に開店した「ハビタ」は大成功を収め、そこで売られるスタイリッシュかつ機能性にすぐれた家具や食器は「スウィンギング・ロンドン」を象徴するアイテムとなったが、コンランの次のことばは文化革命＝「若者によって開始されたテイストの小革命」の本質を言い当てている。「私はずっと信じてきた。よきものはエリート主

サッカーW杯決勝で勝利し歓喜のイングランド・チーム，1966年7月30日

義的であってはならない、万人が手に入れられるものであるべきだ、と」。

相対的には貧しいが絶対的には多少とも豊かになった、決して余裕綽々《よゆうしゃくしゃく》ではないが倹約すればレコードや気の利いた食器くらいは買える労働者や若者が、文化革命の主役であった。エリートではなく、彼らのテイストこそが文化を、ひいては経済を牽引した。おそらく史上初めて、国民の多数派が消費を通じて生活の「豊かさ」を味わえたのである。

将来への安心があるから消費が促されたという意味で、完全雇用と福祉国家の恩恵は過小評価できない。仮にインド放浪の旅に出たとしても、帰国すれば職は見つかると楽観できる条件がたしかに存在し、若者の自己充足を後押しした。

ノーベル賞作家ドリス・レッシングの薫陶を受けた作家、小説『ナッシング・ナチュラル』（１９８６年）や旅行記『ストレンジャー・オン・ア・トレイン』（２００２年）で知られるジェニー・ディスキは、１９６０年代には、反戦運動からドラッグまで、若者文化にどっぷりと浸る日々を送ったが、彼女の見るところ、いずれ学校や仕事のような「一度は投げ捨てた安定」に戻れる見通しがあったからこそ、若者たちはドロップ・アウトに踏み出すこともできた。1960年代とは、「差し迫った経済的な心配も、イギリスの場合、かかわらねばならぬ戦争もない世代」が享受する「史上最長のギャップ・イヤー」のようなものだった。

そして、ビートルズとミニスカートを擁したイギリス、とりわけロンドンは、世界のトレンドセッターの役割を果たす光栄さえ経験した。空前絶後のことである。地元開催だった1966年のサッカー・ワールドカップをイングランド・チームが制覇する、これまた空前絶後の出来事は、1960年代の輝きにこれ以上ない見事なタイミングで花を添えた。

もちろん、「豊かな社会」から取り残された者、充分な「豊かさ」を実感できない者の間では、不満が鬱積していた。それでも、1960年代のイギリスは総じてポジティヴな評価に値する。

「スウィンギング・ロンドン」の黄昏

ただし、輝きは短命であった。『タイム』誌のセンセーショナルな記事が出た1966年の何年も前から「スウィンギング」だったロンドンは、「スウィンギング・ロンドン」と命名されて間もなくしてはっきりと下り坂に入る。「スウィンギング・ロンドン」をやや遅れて追認したにすぎない『タイム』誌の記事は、圧倒的な発行部数ゆえに世界中からロンドンを目指す観光客を急増させ、衰退を促したともいえる。

1961年創刊の風刺雑誌『プライヴェート・アイ』の初代編集長クリストファー・ブッ

カーのことばを借りるなら、69年頃には「スウィンギング・ロンドン」は「ほとんど歴史上の出来事」として振り返られるようになっていた。ほんの数年前というよりは、「15年も前の出来事」であったかのように。のちに熱烈なサッチャー支持者となり、地球温暖化否定論者としても名を馳せるブッカーは、不朽の名作とビートルズごときとを区別しない社会では「善と悪の明確な区別」も不可能になると主張するなど、文化革命と「許容する社会」をシニカルに見ていた人物である。彼がいうには、1960年代に進んだのは国民の「精神的健康」の劣化であった。

ネガティヴな見方は、「スウィンギング・ロンドン」にもともと批判的だったブッカーのような人々だけが示したわけではない。『タイム』誌の記事を書いた当の本人ピリ・ハラスツは、ほんの数ヵ月後に訪ねたロンドンの変わりようをこう嘆いている。「スウィンギング・ロンドンという現象全体があまりにも安っぽく低俗にされてしまったことに、私は慄いた」。

「1965年にはすべてが終わっていた」とは、「スウィンギング・ロンドン」をフィルムに焼きつけてきたデイヴィッド・ベイリーの言である。1960年代後半のロンドンは「まがいもの」にすぎず、「レコード会社とファッション業界人、『タイム』と『ニューズウィーク』によって、エネルギーはすべて食いつぶされてしまった」。「スウィンギング・ロンドン」といっても、文句なく「クールでヒップ」だったのはビートルズのみ、他の連中はコピーしているだけだと早くから違和感を口にしていたのは、１９６０年代を代表する女優ジュリー・クリスティである。

メアリ・クワントが１９５５年に「バザー」を開店し、ロンドンで最もファッショナブルな地区となったチェルシーでは、早くも66年にはブティックの破産が毎月50軒のペースに上った。小さなブティックは着々と大規模ファッション・チェーンの傘下に収められた。

もう一方の雄だったカーナビー・ストリートはといえば、バスに乗せられた観光客が詰めかけ、彼らを相手としたチープな商売が横行する俗悪なスポットへと急速に変貌した。カーナビー・ストリートに行けばビートルズの誰かに会えるかも、などと事情に疎《うと》い観光客は夢想したかもしれないが、ビートルズはもとより、流行の先端を走る若者を見ることさえ難しかった。

「夢は終わった」

さきに言及したブッカーによれば、１９６０年代半ばまでに社会に生じた変化はその後も表面的には継続するものの、「１９６６年以降の時期に国民のムードに根底的な変化があったことに疑いの余地はない」。近年の変化は行き過ぎだったのではないか、手に負えなくなっているのではないか、といった不安感が広がったのである。たとえば、「怒れる若者」作家として『ラッキー・ジム』を書いたキングズリー・エイミスは、「中絶、離婚、同性愛、

DAILY Mirror

Lennon-McCartney song team splits up

PAUL IS QUITTING THE BEATLES

Swing to Labour ..but Tories are still in command

Hampered

Counts

Date

PAUL McCARTNEY has quit the Beatles. The shock news must mean the end of Britain's most famous pop group, which has been idolised by millions the world over for nearly ten years.

Clash over the running of Apple

Films

ビートルズ解散を報じる『デイリー・ミラー』，1970年４月10日

検閲、人種主義、マリファナという「揃い《パッケージ》」への嫌悪感を理由に、1967年には労働党支持から保守党支持に転じたことを公言して、「自己満足した老人《カンプレイセント・オールド・マン》」と揶揄されることになる。

たしかに、1966年以降には「時代の終わり」の雰囲気が漂ってくる。ローリング・ストーンズ裁判がシンボライズするように、目撃されたのは、「かつてのポップの夢が色褪せて、どこか不快な現実と化す」展開であった。

「科学革命の白熱」による社会の「現代化」を唱え、大きな期待を受けたウィルソン政権の経済政策は空転した。1967年11月にはポンドの切り下げを余儀なくされて、政権への信頼は地に落ちる。経済成長のテコとなることを期待されたのがEECへの加盟だったが、1963年と67年の二度にわたって加盟申請は却下された。「ポップの夢」を支えた経済成長が緊縮・増税政策とともに失速し、急速にペシミズムが浮上した。

1969年7月、ローリング・ストーンズのブライアン・ジョーンズが変死する。死因には諸説あるものの、ドラッグを服用したあげくの死であった可能性が大きく、ドラッグが精

神の未踏の境地どころか肉体の破滅を招くことを知らしめて、幻滅感を広げた。1960年代の基調だった「許容」への警戒感を強めるきっかけにもなっただろう。そして、1970年のビートルズの解散（4月）と保守党ヒース政権の成立（6月）は、一つの時代の終焉をはっきりと印象づけた。同年12月にソロで発表した「ゴッド」を、ジョン・レノンは「夢は終わった」のことばで閉じた。

ヴェトナム反戦を訴えるロンドンでの抗議行動，1968年3月17日

カウンターカルチャーの行方

1967年以降に注目されたのは、ロンドンよりもカウンターカルチャーの震源地サンフランシスコのヘイト・アシュベリー地区だった。サンフランシスコのカウンターカルチャーと「スウィンギング・ロンドン」の決定的な違いは、政治的主張にある。

若者たちがもはや徴兵されないイギリスで、カウンターカルチャーの最も重要なメッセージであったヴェトナム反戦を掲げて街頭に出る人々は、2万5000人がロンドンのアメリカ大使館を取り囲んだ1968年3月17日のような例外はあるにせよ、概して多くなかった。ヴェトナムに送り込まれる切実な恐怖を抱えたアメリカの若者たちの目に、外見ばかり気にして消費主義と物質主義に踊らされているかのような、現実を直視せず抵抗を忘れているかのようなイギリスの若者たちがあまりに呑気《のんき》に映ったとしても、不思議なことではない。若者文化の主導権はロンドンを離れた。

しかし、アメリカのカウンターカルチャーにしても、40万人以上を集めた1969年8月15～17日のウッドストック・フェスティヴァルがピークとなり、その後は行き詰まっていく。ウッドストックの直前（8月9日）には、チャールズ・マンソンを教祖とするコミューン「ファミリー」のメンバーが女優シャロン・テートとその友人たちを惨殺する事件が起きた。現場にはビートルズ「ヘルター・スケルター」（1968年）のタイトルが血で記されていた。この曲は大量殺戮《さつりく》を教示している、というのがマンソンの解釈であった。LSDを常用するカルト集団の凶行は、ヒッピーとドラッグに彩られたカウンターカルチャーの成れの果てと受けとめられた。

さらに、1969年12月6日には「オルタモントの悲劇」が来る。カリフォルニア州オルタモントにおけるローリング・ストーンズのフリー・コンサートで、警備に雇われたヘルズ・エンジェルス（アウトロー・バイカー集団）が黒人青年メレディス・ハンターを刺殺した事件である。ローリング・ストーンズのビル・ワイマンのことばを借りるなら、「新しい時代をつくった1960年代の悲痛な終焉」を画したのがこの悲劇であった。剝《む》き出しの暴力による「ラヴ・アンド・ピース」の圧殺はカウンターカルチャーの無力を露わにし、以降、ロックと理想主義の分離が進む。イーグルス「ホテル・カリフォルニア」（1977年）が、「あの酒《スピリット》（spirit は精神とも訳せる）は1969年を最後に置いていない」と歌ったのは、最終的な死亡宣告だったのだろう。

サッチャリズムの歴史的前提

もちろん、1970年代を間にはさんで「スウィンギング」な60年代が殺伐たる80年代へと移行するのが必然だったわけではない。以下で述べるように、1960年代の「豊かな社会」と文化革命のなかで台頭した個人主義がサッチャリズムを受けいれる素地を広げた、というのが本書の主張である。しかし、個人主義がサッチャリズムに帰着するのは不可避だった、などと軽々しく論ずるつもりはない。

個人主義の中核はあくまでも自己決定や自己表現のできる自立した個の追求であって、そこでは他者の自立性も尊重される。自分の貪欲さえ充たせれば他人などどうなってもよい、といった利己主義は個人主義の本質ではなく、個を押しつぶす集団の圧力を拒む意志は、複数の個の間に成立する連帯を阻害しはしない。サッチャーがキリスト教的モラルのレトリックとともに示した個人主義のヴィジョンは、強大化した労組や官僚的な福祉国家が個を圧迫することに息苦しさを感じていた人々を惹きつけただろうが、だからといって、サッチャリズムが個人主義の政治的受け皿として唯一の選択肢だったわけではない。

それでも、前述のジェニー・ディスキが、自分たちは「最良の善意とともにではあったが、地獄への道を整える用意をしていたのかもしれない」と述懐する通り、1960年代の経験にはサッチャリズムの時代への露払いとしての意味が間違いなく孕まれていた。

序章で掲げた三つの仮説に即して、1960年代にこそサッチャリズムの歴史的な前提が形成されたのではないか、という問いへの回答を提示したい。念のため記しておけば、仮説は次の三つである。

①大衆消費を基盤とする1960年代の文化革命の経験が、サッチャリズムの描くポピュラー・キャピタリズムの夢に惹かれる個人主義的な国民を形成した。②「許容する社会」の広がりが、政治の世界でのサッチャーの栄達を可能にする条件を整えた。③「許容」を批判するモラリズムの台頭が、サッチャーへの追い風となった。

ポピュラー・キャピタリズムの素地

最も重要なのは仮説①である。

1960年代の消費の拡大は、人々に新しい水準の物質的快適さをもたらしただけではなかった。「自己」へのこだわりが強まるなか、「消費者」という自覚を強くもつようになった人々は、なにを買うかを自分で決め、文化革命が生み出した文化的商品を通じて自分を表現した。消費とは概して個人的な行為であり、そこに自己充足や自己表現の思いが込められていた以上、消費の拡大が個人主義を強めることは避けがたかった。

労働者の場合であれば、個人主義の浸透とともに、労働現場やコミュニティを舞台とするかつてのような労働者同士の連帯感は薄れざるをえない。関心はなによりも自分の生活に向けられ、自分が他者とは違うことが重視されて、仕事仲間よりもテイストを共有できる仲間が求められるようになる。

とりわけ労働者階級の若者にとって、信頼関係を築く相手は同じ職場の同僚やコミュニティの隣人よりも、同じ傾向のファッションを纏い、好きなバンドが一致する、大抵は同年配の若者であった。テイストの共有による仲間意識と階級的な帰属意識とは背反し合うとは限らないが、しかし、肝心なのは、消費による自己表現やテイストを同じくする仲間とのつきあいこそが、なによりも生活の充実をもたらすものとなったことである。

職場の同僚と近隣のパブで飲み、組合運動によって賃金アップを実現すること以上の満足感を、「豊かな社会」と文化革命が提供した。個人主義的な消費を通じた「豊かさ」の経験である。1960年代の「豊かな労働者」は、従来にはありえなかったほどたくさんの禁断の木の実（＝消費の魅力）を齧《かじ》った「消費者」であった。1970年代以降、個人主義の台頭には拍車がかかる。

こんな1960年代を経験した人々に、サッチャリズムが描いた夢が魅力的に映ったとしても無理はなかった。そもそも、消費はサッチャリズムが一貫して重視した個人の選択の自由の行使に他ならない。ここでは特に、サッチャー政権が実施した二つの重要な政策に着目したい。

一つは、公営住宅のテナントへの払い下げ（市場価格から33～50％割引いた価格で）である。持ち家所有の可能性をテナントの圧倒的多数を占める労働者にまで広げる政策として、高い人気を博し、１９８０年からの10年間で持ち家所有者が総人口に占める割合は55％から67％へと上昇する。

もう一つは、政権第二・第三期（１９８３～90年）に大規模に実施された国営企業の民営化とその株式の売り出しである。この政策の狙いは、富裕層でなくても企業の株を購入し（この場合も政策的に低く抑えられた価格で）、資本主義の能動的な利害当事者《ステイクホルダー》となれるポピュラー・キャピタリズムの創出であり、実際に１９８０年代には株式保有者が３００万人から１１００万人へと大幅に増加する。

これら二つの政策は、１９６０年代に若者として消費による自己表現の喜びを経験し、80年代には30～40代になっていたベビーブーマー、労働条件は概して悪くなっていたとはいえ、なにがしかの可処分所得をもつ者たちを強く惹きつけたと思われる。持ち家は１９６０年代に顕在化した家庭中心の流れに適っていたし、株式は自己充足の可能性を広げると思われたからである。

「自由」の転用

「自己」をなによりも大切にし、消費によって自己表現や自己充足を図ろうとする１９６０年代の風潮には、個人の選択の自由とそれに伴う自己責任を力説して、自己利益の追求を鼓吹するサッチャリズムと通底するところがたしかにあった。サッチャーが提唱した自由な経済や小さい国家にしても、少なくとも字面のうえではベビーブーマーの支持を期待しうるものであった。したがって、音楽ジャーナリスト、チャールズ・シャー・マリがいうように、政府は口出しするな、個々人に自分の望むことをさせよ、といったヒッピー的スローガンが、「非常に滑らかに自由放任的ヤッピー〔高収入を稼ぐ都市の若手エリート〕主義に翻訳される」ことは大いにありえた。

１９７５年に保守党党首に就任した直後、コンセンサス型統治を攻撃したニューヨークでの演説でサッチャーが力説したのは、個々の人間が相互に「違っていることとの自由」だった。福祉国家の肥大化が国民の画一化を招いているとの批判が込められたこの表現は、１９６０年代に他人とは違う「自己」を主張しようとした人々の琴線《きんせん》に触れるものだったに違いない。「豊かな社会」と文化革命の経験には、サッチャリズムに引き寄せられても不思議ではない人々を増やす力があった。

『ビートルズと60年代』の著者イアン・マクドナルドは以下のようにいう。「彼女〔サッチャー」と急進化しコンセンサスと訣別した保守党の支持者こそ、1960年代の遺産の真の相続者であった。ヒッピーではなく、もちろんニューレフトでもなく、彼らが世界を変えたのだ。1960年代に大衆社会が無意識のうちに始めたものを80年代にはサッチャーとレーガンがイデオロギーのレヴェルにまで引き上げ、西洋社会の完全な物質主義的個別化、そして全面的な断片化が実現された」。

「イデオロギーのレヴェルにまで引き上げ」られた最たるものは、「自由」というキーワードである。ジェニー・ディスキによれば、「若すぎた私たちは、このことばを使ってマーガレット・サッチャーがなにをするかを想像できるほど、冷徹には考えていなかった」。1960年代の若者が好んだこのことばは、80年代にはなによりも利潤追求の自由を意味するものとして使われ、その結果、自由の障害となる規制は緩和されて、所得税は軽減された。1960年代には「自己」の表現や充足の要だった自由は、「われわれが暮らしたいと望んだ世界とは完全に対立する世界」、すなわち「凶暴な個人主義と神聖な利潤の新世界」(ディスキ)の支柱へと転用されたのである。

「許容」の産物

仮説②はごくシンプルな話である。

1959年に議員のキャリアをスタートさせた頃には異端者だった子どもをもつ既婚女性

が、政治の世界で順調にステップ・アップできたのは、「許容」の風潮があったればこそのことだった。初当選から二年後、サッチャーは同期の議員では最速で政権にポストを与えられたが、これは女性の社会進出を受けいれるという首相マクミランのポーズの一環であった。どう頑張っても首相になることなど不可能だと考えていた彼女が最高権力者にのし上がれたのも、党首・首相として、「女らしさ」からほど遠い攻撃的な態度で男性の同僚に接することができたのも、「許容」の広がりなしには考えにくかった。

女性が従順であることに慣れた保守党の男性有力者の多くはサッチャーに違和感や不快感を抱いたが、女性に優しくあれ、というジェントルマンの規範に忠実に、多くの場合、彼女を完膚《かんぷ》なきまでやりこめるようなことは避けたという。こうした意味では、「許容」の時代にも根強く残った古い規範がサッチャーを利した側面もあったことになる。

モラリズムという追い風

「許容」の流れに乗って保守党内で台頭したサッチャーは、しかし、1970年代に入ると力点を「許容」批判に移し、逆方向からの風に帆を張った。庶民的な「食料雑貨店の娘」、伝統的モラルに則って家庭を最優先する「主婦マギー」であることを強調し、「許容」を繰り返し指弾したのである。この演出によって、仮説②で述べたように、彼女は実は自身がもっていた男性中心的な旧来の秩序を紊乱《びんらん》するポテンシャルを目立たなくし、文化革命や「許容」に反発してモラリズムの主張を支持するような人々の心情に寄り添う政治家のイメージを獲得できた。1960年代が生んだ反作用としてのモラリズムが70年代のサッチャーを後押ししたことに、疑問の余地はないだろう。

ただし、仮説③は仮説②ほどシンプルではない。「許容」に同調するかたちで、サッチャー流の経済的自由主義を提唱する議論もあったからである。

代表的な論者がサムエル・ブリタン（サッチャー政権で閣僚を歴任したレオン・ブリタンの兄）、サッチャーに近いエコノミストである。彼が1973年に刊行した『資本主義と許容する社会』は、人々が自分のしたいことを最大限まで行えるようにすべきだと考える点で、「競争的資本主義」の価値観は「許容」の流れと合致する、と主張した。サッチャーが唱える規制緩和は利潤追求のために「許容されうること」を拡大するのであって、「許容する社会」と方向性を同じくしているというのである。

こうした考え方をとれば、サッチャリズムと「許容」の相性は必ずしも悪くなかったことになる。「許容」の旗振り役だったジェンキンズが1959年に記した以下のことばは、選択の自由と自己責任を重んずるサッチャーが発してもおかしくないものだろう。「他者の権利を侵害しない限りにおいて、大人に相応しいやり方で生活を律する規則を決める自由をもつことを望む者たちの側に立とうではないか」。

以上の通り、個人主義的な消費を通じた「豊かさ」の経験はいうにおよばず、旧来の規範の弛緩も、それへの反作用としてのモラリズムも、各々のやり方でサッチャリズムを呼び出す力を作動させたと考えられる。サッチャリズムは１９６０年代のレガシーであった。

希望の横領

第4章で言及したフェミニスト史家シーラ・ロウボタムが１９６０年代を回顧した『夢の約束』（２０００年）から引用して、締めくくろう。「１９６０年代に関してイギリスで書かれた最良の本」（ホブズボーム）とも評されるこの回顧録には、60年代とサッチャリズムの関係について示唆的な一節がある。

> 皮肉にも、社会運動によって開かれた突破口は金儲けの機会を提供することになった。スローガンはデザイナーの商標に変形され、小回りの利く「オルタナティヴ」な資本家が混乱に乗じのし上がった。１９６０年代のラディカルな夢は死産されてしまう。われわれが辿りつくのは、かつて想像したような協同的で平等な社会ではなかった。１９６０年代が代わりに導きいれたのは、われわれがそれまで抗議してきた秩序よりもさらに競争的で不平等な秩序であった。
>
> 〔中略〕われわれの希望は横領され、われわれの大志は捻じ曲げられたのだ。
>
> （*Promise of a Dream*）

希望の横領の果てに招かれたのは、1960年代と同じく消費を基軸とした個人主義が旗印ではあるものの、格差と分断が深まるイギリス、責任は小さいが権限は強い国家が君臨し、権威主義的に規律を課そうとするイギリス、「許容する社会」とはほど遠い不寛容なイギリスであった。そこには文化革命を多数派が享受できた基盤である完全雇用政策はなく、福祉国家のセーフティネットも骨抜きにされた。名目的な経済成長は実現されたかもしれないが、結局のところ、文化革命のような創造力の開花は生じなかったのである。これが「イギリスを再び偉大にする」というサッチャーの掛け声の帰結であった。

あとがき

本書は幅広い層の読者に楽しく読んでもらうために書かれた。専門的な知識がなくてもよくわかり、読み進めようと思える叙述を心がけたが、とはいえ、楽しかるべき本の執筆は、楽しかったというだけでは済まない。本書の執筆にあたり、いくつかの点で私はこれまで経験したことのない難しさを味わった。

第一に、初めての新書であったこと。コンパクトなスペースで語るべきことを語りきる新書をいつか書いてみたいと思ってきたが、いざ着手してみると、その難しさは予想を上回った。紙幅が小さいからといって、単純に内容を希釈するのではおもしろい本は出来上がらない。思い切った取捨選択が必要である。取捨選択があってこそ全体像を描くことが可能になる、と頭ではわかっているつもりなのだが、未練がましい私は捨てることが苦手である。

イギリスの1960年代にかかわる重要な論点でありながら、本書では断片的に言及されるだけのものは少なくない。政党政治しかり、学生反乱しかり、北アイルランド紛争には触れることさえできていない。これはひとえに、多岐にわたる論点に優先順位をつけた結果である。どういった論点で組み立てれば1960年代の全体像がうまく浮かび上がるか、何度も考え直し、最後には未練を断ち切って選択した。もちろん、異なる取捨選択はいくらもありうるだろう。本書が提示するのは私なりの１９６０年代像である。

第二に、これまでの研究者人生では縁遠かった１９６０年代を対象としたこと。１９６０年生まれの私がもつ記憶は、当然ながら、ごく乏しい。覚えているのは、いずれもテレビ画面越しのヴェトナム戦争、「プラハの春」を踏み潰した戦車、メキシコ・オリンピックの表彰台で突き上げられた拳（ブラックパワー・サルート）と判官《ほうがん》贔屓《びいき》の観衆がチャスラフスカを応援する「ヴェラ、ヴェラ」の声（そして、損な役回りとなったソ連のクチンスカヤ）、放水を浴びる安田講堂、月面着陸したアポロ11号、くらいだ。よく意味がわかっていたわけではない。子どもの耳にも「ブルー・ライト・ヨコハマ」は新鮮に響いたが、ビートルズの来日は記憶の外にあり、グループ・サウンズはまったくピンとこなかった。ヒッピーといって真っ先に想起するのは、「モーレツからビューティフルへ」を唱えるテレビＣＭの加藤和彦、ホンモノは見た覚えがない。

１９６０年代について書くことを引き受けたのは、自分の生きていた時代を歴史として描きたい、という気持ちからでもあるが、それ以上に、サッチャリズムを理解する手がかりがこの時代にあるように思われたためである。さきに述べた取捨選択の重要な基準もここにある。私が大学に進んだのはサッチャー政権の成立と同じ１９７９年、最初と二度目のイギリス生活はサッチャー政権期であり、以来ずっと、サッチャリズムとそれに類する政治潮流につきまとわれてきた。さすがにまだ人生を総括する年齢ではないが、なんとかサッチャリズムを理解しないことには、そんな総括もおぼつかないだろう。そして、本書が有効な手がかりを探し出せているなら、私の狙いはひとまず達せられたことになる。

第三に、ビートルズをとりあげたこと。最後まで逡巡《しゅんじゅん》し、書いてみて苦労もしたのが第2章であった。ビートルズをはじめとするブリティッシュ・ロックを浴びるほど聴いたのは中学・高校のほんの数年間だけ、パンクについていけず、その後はジャズやクラシックを趣味として好んできたにすぎぬ音楽の素人が蛮勇をふるうこととなった直接のきっかけは、職場の共同研究班でロックの歴史について報告せよ、との要請（強要？）を同僚の音楽学者、岡田暁生さんから受けたことだった。かなりの躊躇《ちゅうちょ》があったが、いずれ書かれるべき岡田版20世紀音楽史のためのヒントになればと思い、引き受けた。

歴史研究者としての節度をわきまえながら、しかし社会現象に落とし込まず、歌詞だけで説明した気にもならず、同時代のコンテクストのなかであくまでも音楽に即してビートルズを論ずる、これは容易ならざる課題である。周知のように、ビートルズについての文献は夥しい数に上る（文献リストには、特に多くを学ぶことができたものだけを載せた）。それに伍して私のビートルズ論が存在意義を主張できるのか、ビートルズ好きに納得してもらえるのか、そもそも、歴史研究に携わってきた数十年間を経て、私は中学・高校時代より多少とも深くビートルズを理解できるようになったのか……これまで刊行した本の場合とはまったく異なる種類の緊張とともに、本書は世に送り出される。

＊

初めての新書執筆にあたって、白戸直人さんという経験豊かな編集者に伴走してもらえたのは幸運であった。的確なコメントとほどよい誉めことばに、幾度となく助けられた。白戸さんに引き合わせてくれたのは同僚の藤原辰史さんである。岡田さんともども、コロナの時代を生きる指針を示すオピニオン・リーダーの役割を果たしていることは、付言するまでもなかろう。二人の傑出した同僚からの刺激が本書の端緒であった。そして、これはものを書く際に必ず迫られることだが、かなりの部分がコロナ禍のなかで執筆された本書の場合、自分の価値観がいつも以上に厳しく問われた感が強い。

本を出すたびに「あとがき」に訃報を記さねばならないのは悲しい。前著『アイルランド革命』（岩波書店、２０１８年）の刊行以降、学部時代からの恩師である都築忠七先生と浜林正夫先生が亡くなった。両先生はいずれも、やるべき仕事をやりきる見事な人生を完遂された。もっと重厚な学術書を書きなさいとお叱りを受けそうな気もするが、本書を捧げたいと思う。

２０２１年３月　京都にて

小関　隆

参考文献

大貫隆史『「わたしのソーシャリズム」へ：二〇世紀イギリス文化とレイモンド・ウィリアムズ』研究社，2016年.
J・K・ガルブレイス（鈴木哲太郎訳）『ゆたかな社会 決定版』岩波現代文庫，2006年.
ニック・コーン（奥田祐士訳）『誰がメンズファッションをつくったのか？：英国男性服飾史』DU BOOKS，2020年.
佐藤元状『ブリティッシュ・ニュー・ウェイヴの映像学：イギリス映画と社会的リアリズムの系譜学』ミネルヴァ書房，2012年.
佐藤良明『ラバーソウルの弾みかた：ビートルズと60年代文化のゆくえ』平凡社，2004年.
佐藤良明『ビートルズとは何だったのか』みすず書房，2006年.
ジョン・サベージ（岡崎真理訳）『イギリス「族」物語』毎日新聞社，1999年.
高山智樹『レイモンド・ウィリアムズ：希望への手がかり』彩流社，2010年.
リン・チュン（渡辺雅男訳）『イギリスのニューレフト：カルチュラル・スタディーズの源流』彩流社，1999年.
ハンター・デイヴィス（小笠原豊樹・中田耕治訳）『ビートルズ（上）（下）』河出文庫，2010年.
セリーナ・トッド（近藤康裕訳）『ザ・ピープル：イギリス労働者階級の盛衰』みすず書房，2016年.
富永茂樹（編）『転回点を求めて：一九六〇年代の研究』世界思想社，2009年.
エドワード・P・トムスン（市橋秀夫・芳賀健一訳）『イングランド労働者階級の形成』青弓社，2003年.
E・P・トムスン編（福田歓一・河合秀和・前田康博訳）『新しい左翼：政治的無関心からの脱出』岩波書店，1970年.
長澤均『BIBA：Swingin' London 1965-1974』ブルース・インターアクションズ，2006年.
西田慎・梅﨑透（編）『グローバル・ヒストリーとしての「1968年」：世界が揺れた転換点』ミネルヴァ書房，2015年.
二宮元『福祉国家と新自由主義：イギリス現代国家の構造とその再編』旬報社，2014年.
フィリップ・ノーマン（水上はる子訳）『シャウト・ザ・ビートルズ（上・下）』ソニー・マガジンズ文庫，1994年.
マーク・ハーツガード（湯川れい子訳）『ビートルズ』ハルキ文庫，2019年.
クラウス・フォアマン（斉藤早苗監修，伊藤早苗・川島未紀訳）『ザ・ビートルズ／リメンバー』プロデュース・センター出版局，2007年.
リチャード・ホガート（香内三郎訳）『読み書き能力の効用』晶文社，1974年.
イアン・マクドナルド（奥田祐士訳）『ビートルズと60年代』キネマ旬報社，1996年.
蓑葉信弘『BBC イギリス放送協会：パブリック・サービス放送の伝統（第二版）』東信堂，2003年.
武藤浩史『ビートルズは音楽を超える』平凡社新書，2013年.
山田雄三『ニューレフトと呼ばれたモダニストたち：英語圏モダニズムの政治と文学』松柏社，2013年.
ウェイランド・ヤング（永川玲二訳）『プロヒューモ事件：保守党政治の断面』筑摩書房，1964年.
和久井光司『ビートルズ原論』河出文庫，2012年.

Innocent, London: Faber and Faber, 2012.
Thompson, E.P., 'At the Point of Decay', E.P.Thompson (ed.), *Out of Apathy*, London: Stevens & Sons, 1960.
Thompson, Noel, 'Socialist Political Economy in an Age of Affluence: The Reception of J.K.Galbraith by the British Social-democratic Left in the 1950s and 1960s', *Twentieth Century British History*, vol.21, no.1, 2010.
Tomlinson, Jim, *The Politics of Decline: Understanding Post-War Britain*, Harlow: Pearson Education, 2000.
Tracey, Michael, & David Morrison, *Whitehouse*, London: Macmillan, 1979.
Veldman, Meredith, *Margaret Thatcher: Shaping the New Conservatism*, Oxford: Oxford UP., 2016.
Vinen, Richard, *Thatcher's Britain: The Politics and Social Upheaval of the 1980s*, London: A CBS Company, 2009.
Vinen, Richard, *The Long '68: Radical Protest and Its Enemies*, London: Allen Lane, 2018.
Wallis, Roy, 'Moral Indignation and the Media: An Analysis of the NVALA', *Sociology*, vol.10, no.2, 1976.
Weeks, Jeffrey, *The World We Have Won: The Remaking of Erotic and Intimate Life*, London & New York: Routledge, 2007.
Weeks, Jeffrey, *Sex, Politics and Society: The Regulation of Sexuality since 1800 (4th edn.)*, London & New York: Routledge, 2018.
Weight, Richard, *Mod!: From Bebop to Britpop, Britain's Biggest Youth Movement*, London: Vintage Books, 2015.
Wells, Simon, (ed.), *London Life: The Magazine of the Swinging Sixties*, London: Omnibus Press, 2020.
Whitehouse, Mary, *Cleaning up TV: From Protest to Participation*, London: Blandford Press, 1967.
Whitehouse, Mary, *A Most Dangerous Woman?: Her own personal inside story*, Tring: Lion Pub., 1982.
Whitehouse, Mary, *Mightier than the Sword*, Eastbourne: Kingsway Pub., 1985.
Whitehouse, Mary, *Quite Contrary: An Autobiography*, London: Sidgwick & Jackson, 1993.
Williams, Raymonnd, (ed.), *May Day Manifesto*, London: Verso, 2018.
Winslow, Cal, (ed.), *E.P.Thompson and the Making of the New Left: essays & polemics*, New York: Monthly Review Press, 2014.
Womack, Kenneth, (ed.), *The Cambridge Companion to the Beatles*, Cambridge: Cambridge UP., 2009.
Womack, Kenneth, (ed.), *The Beatles in Contexts*, Cambridge: Cambridge UP., 2020.
Womack, Kenneth, & Todd F. Davis (eds.), *Reading the Beatles: Cultural Studies, Literary Criticism, and the Fab Four*, New York: State University of New York Press, 2006.
市橋秀夫「ニュー・カルチャーの誕生？：1960年代文化の再考」井野瀬久美惠（編）『イギリス文化史』昭和堂，2010年.
R・イングリッシュ＆M・ケニー（川北稔訳）『経済衰退の歴史学：イギリス衰退論争の諸相』ミネルヴァ書房，2008年.
レイモンド・ウィリアムズ（川端康雄編訳）『共通文化にむけて：文化研究Ⅰ』みすず書房，2013年.

The Social and Cultural Legacy, Palgrave Macmillan under exclusive licence to Cham: Springer Nature, 2020

Neill, Andy, *Ready, Steady, Go!: The Weekend Starts Here*, London: BMG, 2020.

Nicholson, Virginia, *How Was It For You?: Women, Sex, Love and Power in the 1960s*, London: Viking, 2019.

Palmer, Brian D., *E.P.Thompson: Objections and Oppositions*, London & New York: Verso, 1994.

Porter, Roy, *London: A Social History*, London: Penguin Books, 1994.

Prestidge, Jessica, 'Housewives having a go: Margaret Thatcher, Mary Whitehouse and the appeal of the Right Wing Woman in late twentieth-century Britain', *Women's History Review*, published online, June 2018.

Prestidge, Jessica, 'Margaret Thatcher's politics: the cultural and ideological forces of domestic femininity', D.Phil.thesis, Durham University, 2017.

Rayner, Geoffrey, & Richard Chamberlain, *Conran/Quant, Swinging London: A Lifestyle Revolution*, Woodbridge: ACC Art Books, 2019.

Robinson, Emily, Camilla Schofield, Florence Sutcliffe-Braithwaite, & Natalie Thomlinson, 'Telling Stories about Post-War Britain: Popular Individualism and the "Crisis" of the 1970s', *Twentieth Century British History*, vol.28, no.2, 2017.

Robinson, John A.T., *Honest to God, 55th Anniversary Edition*, Louisville: Westminster John Knox Press, 2018.

Rowbotham, Sheila, *Promise of a Dream: Remembering the Sixties*, London: Allen Lane, 2000.

Samuel, Raphael, 'Mrs Thatcher and Victorian Values', *Island Stories: Unravelling Britain (Theatres of Memory, vol.II)*, London & New York: Verso, 1998.

Sandbrook, Dominic, *White Heat: A History of Britain in the Swinging Sixties*, London: Abacus, 2006.

Saville, John, 'Edward Thompson, the Communist Party and 1956', *Socialist Register*, vol.30, 1994.

Sawyers, June Skinner, (ed.), *Read the Beatles: Classic and New Writings on the Beatles, Their Legacy, and Why They Still Matter*, London: Penguin Books, 2006.

Schaffer, Gavin, '"Till Death Us Do Part" and the BBC: Racial Politics and the British Working Classes 1965-75', *Journal of Contemporary History*, vol.45, no.2, April 2010.

Shepherd, Rose, *Breaking with Tradition: 1960s*, London: Reader's Digest Association, 2010.

Shrimpton, Jean, *An Autobiography*, London: Sphere Books, 1990.

Simonelli, David, *Working Class Heroes: Rock Music and British Society in the 1960s and 1970s*, Lanham: Lexington Books, 2013.

Smith, Anna Marie, *New Right discourse on race and sexuality: Britain, 1968-1990*, Cambridge: Cambridge UP., 1994.

Sutcliffe-Braithwaite, Florence, *Class, Politics, and the Decline of Deference in England, 1968-2000*, Oxford: Oxford UP., 2018.

Thane, Pat, *Divided Kingdom: A History of Britain, 1900 to the Present*, Cambridge: Cambridge UP., 2018.

Thompson, Ben, (ed.), *Ban This Filth! Mary Whitehouse and the Battle to Keep Britain*

Hall, Stuart, 'Crosland Territory', *New Left Review*, no.2, 1960.
Hall, Stuart, & Paddy Whannel, *The Popular Arts*, London: Hutchinson Educational, 1964, rep. 2018.
Hampshire, James, & Jane Lewis, '"The Ravages of Permissiveness": Sex Education and the Permissive Society', *Twentieth Century British History*, vol.15, no.3, 2004.
Haseler, Stephen, *The Gaitskellites: Revisionism in the British Labour Party, 1951-64*, London: Palgrave Macmillan, 1969.
Hellema, Duco, *The Global 1970s: Radicalism, Reform, and Crisis*, London & New York: Routledge, 2019.
Higgins, Jackie, *David Bailey*, London: Phaidon Press, 2010.
Hilton, Matthew, *Consumerism in Twentieth-Century Britain: The Search for a Historical Movement*, Cambridge: Cambridge UP., 2003.
Hoggart, Richard, & Raymond Williams, 'Working Class Attitudes', *New Left Review*, no.1, 1960.
Jackson, Ben, 'Revisionism Reconsidered: "Property-owning Democracy" and Egalitarian Strategy in Post-War Britain', *Twentieth Century British History*, vol.16, no.4, 2005.
Jackson, Ben, *Equality and the British Left: A study in progressive political thought, 1900-64*, Manchester & New York: Manchester UP., 2007.
Jackson, Ben, & Robert Saunders (eds.), *Making Thatcher's Britain*, Cambridge: Cambridge UP., 2012.
Jolly, Margaretta, *Sisterhood and After: An Oral History of the UK Women's Liberation Movement, 1968 – Present*, Oxford: Oxford UP., 2019.
Jones, Ben, *The Working Class in Mid Twentieth-Century England: Community, identity and social memory*, Manchester & New York: Manchester UP., 2012.
Kaye, Harvey J., & Keith McClelland (eds.), *E.P.Thompson: Critical Perspectives*, Cambridge: Polity Press, 1990.
Kenny, Michael, *The First New Left: British Intellectuals after Stalin*, London: Lawrence & Wishart, 1995.
Levin, Bernard, *The Pendulum Years: Britain and the Sixties*, London: Sceptre Books, 1970.
Levy, Shawn, *Ready, Steady, Go!: Swinging London and the Invention of Cool*, London & New York: Fourth Estate, 2002.
Marwick, Arthur, *The Sixties: Social and Cultural Transformation in Britain, France, Italy and the United States, 1958-1974*, Paperback edn., Oxford: Oxford UP., 1999.
Marwick, Arthur, *British Society since 1945*, London: Penguin Books, 1982, 4th edn., 2003.
Master, Brian,*The Swinging Sixties*, London: Constable, 1985.
McWilliams, John C., *The 1960s Cultural Revolution*, Westport & London: Greenwood Press, 2000.
Moore-Gilbert, Bart, & John Seed (eds.), *Cultural Revolutions?: The Challenge of the Arts in the 1960s*, London: Routledge, 1992.
Mort, Frank, *Capital Affairs: London and the Making of the Permissive Society*, New Haven & London: Yale UP., 2010.
Mort, Frank, 'The Permissive Society Revisited', *Twentieth Century British History*, vol.22, no.2, June 2011.
Mullen, Antony, Stephen Farral & David Jeffery (eds.), *Thatcherism in the 21st Century:*

London: Rivers Oram Press, 2007.
Collins, Marcus, *The Beatles and Sixties Britain*, Cambridge: Cambridge UP., 2020.
Crosland, Anthony, *The Future of Socialism*, London: Constable & Robinson, 1956, new edn., 2006.
Davis, Madeleine, 'Arguing Affluence: New Left Contributions to the Socialist Debate, 1957-63', *Twentieth Century British History*, vol.23, no.4, Dec.2012.
Diski, Jenny, *The Sixties*, New York: Picador, 2009.
Donnelly, Mark, *Sixties Britain: Culture, Society and Politics*, London: Routledge, 2013.
Durham, Martin, *Moral Crusades: Family and Morality in the Thatcher Years*, New York: New York UP., 1991.
Dworkin, Dennis, *Cultural Marxism in Postwar Britain: History, the New Left, and the Origins of Cultural Studies*, Durham & London: Duke UP., 1997.
Ewbank, Tim, & Stafford Hildred, *Julie Christie: The Biography*, London: Andre Deutsch, 2008.
Fieldhouse, Roger, & Richard Taylor (eds.), *E.P.Thompson and English Radicalism*, Manchester: Manchester UP., 2013.
Filby, Eliza, *God and Mrs Thatcher: The Battle for Britain's Soul*, London: Biteback Pub., 2015.
Fowler, David, *Youth Culture in Modern Britain, c.1920–c.1970*, Basingstoke: Palgrave Macmillan, 2008.
Frith, Simon, Will Straw & John Street (eds.), *The Cambridge Companion to Pop and Rock*, Cambridge: Cambridge UP., 2001.
Gazeley, Ian, Andrew Newell, Kevin Reynolds & Rebecca Searle, 'The Poor and the Poorest, Fifty Years On', *IZA Discussion Paper*, no.7909, Jan.2014.
Gilbert, David, '"The Youngest Legend in History": Cultures of Consumption and the Mythologies of Swinging London', *London Journal*, vol.31, no.1, 2006.
Gildart, Keith, *Images of England through Popular Music: Class, Youth and Rock 'n' Roll, 1955-1976*, Basingstoke: Palgrave Macmillan, 2013.
Goldthorpe, John H., David Lockwood, Frank Bechhofer & Jennifer Platt, *The Affluent Worker: Political Attitudes and Behaviour*, Cambridge: Cambridge UP., 1968.
Goldthorpe, John H., David Lockwood, Frank Bechhofer & Jennifer Platt, *The Affluent Worker in the Class Structure*, Cambridge: Cambridge UP., 1969.
Goltz, Anna von der, & Britta Waldschmidt-Nelson (eds.), *Inventing the Silent Majority in Western Europe and the United States: Conservatism in the 1960s and 1970s*, Cambridge: Cambridge UP., 2017.
Goodall, Howard, *The Story of Music*, London: Vintage Books, 2013.
Green, E.H.H., *Ideologies of Conservatism: Conservative Political Ideas in the Twentieth Century*, Oxford: Oxford UP., 2002.
Halasz, Piri, *A Swinger's Guide to London*, New York: Open Road Distribution, 1967.
Halasz, Piri, *A Memoir of Creativity: abstract painting, politics & the media, 1956-2008*, New York: iUniverse, 2009.
Hall, Stuart, 'A Sense of Classlessness', *Universities & Left Review*, no.5, 1958.
Hall, Stuart, 'The Supply of Demand', E.P.Thompson (ed.), *Out of Apathy*, London: Stevens & Sons, 1960.

参考文献

Akhtar, Miriam, & Steve Humphries, *The Fifties and Sixties: A Lifestyle Revolution*, London: Boxtree, 2001.

Andrews, Geoff, Richard Cockett, Alan Hooper & Michael Williams, *New Left, New Right and Beyond: Taking the Sixties Seriously*, Basingstoke: Palgrave Macmillan, 1999.

Baddiel, David, Hugh Dennis, Rob Newman & Steve Punt, *The Mary Whitehouse Experience Encyclopedia*, London: Fourth Estate, 1991.

Bailey, David, *Bailey Exposed*, London: National Portrait Gallery, 2013.

Beckett, Francis, *What Did the Baby Boomers Ever Do for Us?: Why the children of the sixties lived the dream and failed the future*, London: Biteback Pub., 2010.

Beckett, Francis, & Tony Russell, *1956: The Year Changed Britain*, London: Biteback Pub., 2015.

Bell, Melanie, *Julie Christie*, London: Palgrave, 2016.

Black, Lawrence, *The Political Culture of the Left in Affluent Britain, 1951-64: Old Labour, New Britain?*, Basingstoke: Palgrave Macmillan, 2003.

Black, Lawrence, *Redefining British Politics: Culture, Consumerism and Participation, 1954-70*, Basingstoke: Palgrave Macmillan, 2010.

Black, Lawrence, & Hugh Pemberton, *An Affluent Society?: Britain's Post-War 'Golden Age' Revisited*, Aldershot: Ashgate, 2004.

Black, Lawrence, Hugh Pemberton & Pat Thane (eds.), *Reassessing 1970s Britain*, Manchester: Manchester UP., 2013.

Blauner, Andrew, (ed.), *In Their Lives: Great Writers on Great Beatles Songs*, New York: Blue Rider Press, 2017

Booker, Christopher, *The Neophiliacs: The Revolution in English Life in the fifties and sixties*, London: Pimlico, 1969, 1992.

Brittan, Samuel, *Capitalism and the Permissive Society*, London: Macmillan, 1973.

Brown, Callum G., *The Death of Christian Britain: Understanding Secularisation, 1800-2000*, Abingdon: Routledge, 2001.

Brown, Callum G., *Religion and Society in Twentieth-Century Britain*, Abingdon: Routledge, 2006.

Campbell, John, *Roy Jenkins: A Well-Rounded Life*, London: Vintage Books, 2015.

Capon, John, *... and there was light: The Story of the Nationwide Festival of Light*, London: Lutterworth Press, 1972.

Carstairs, G.M., *This Island Now: The B.B.C. Reith Lectures 1962*, London: Hogarth Press, 1963.

Caulfield, Max, *Mary Whitehouse*, Oxford: Mowbray & Co., 1975.

Chaplin, Tamara, & Jadwiga E.Pieper Mooney (eds.), *The Global 1960s: Convention, contest and counterculture*, London & New York, 2018.

Cohen, Stanley, *Folk Devils and Moral Panics*, Abingdon: Routledge, 1972, 3rd edn., 2002.

Cohen, Susan, *1960s Britain*, Oxford: Shire Pub., 2014.

Collins, Marcus (ed.), *The Permissive Society and its Enemies: Sixties British Culture*, https://municipaldreams.wordpress.com/2013/11/05/stevenage-new-town-building-for-the-new-way-of-life/ p.130

† 4章

http://trinitycollegechapel.com/about/memorials/brasses/robinson/ p.137

The 1960s, Lewes: Ammonite Press, 2012. p.140

John Campbell, *Roy Jenkins*, London: Vintage, 2015. p.143

Looking through You, London: Omnibus Press, 2015. p.146

Miriam Akhtar & Steve Humphries, *The Fifties and Sixties*, London: Boxtree, 2001. p.148

https://www.theguardian.com/world/2020/feb/09/miss-world-contest-1970-new-film-misbehaviour-jennifer-hosten-first-black-winner p.154

https://www.expressandstar.com/news/politics/2018/04/20/enoch-powell-speech-still-divides-opinion-50-years-on/ p.161

Dominic Sandbrook, *White Heat*, London: Abacus, 2006. p.162

REX/AFLO p.164

† 5章

Brian Masters, *The Swinging Sixties*, London: Constable, 1985. p.167

Virginia Nicholson, *How Was It For You?*, London: Viking, 2019. p.170

Max Caulfield, *Mary Whitehouse*, Oxford: Mowbray & Co., 1975. p.172

Mary Whitehouse, *Quite Contrary*, London: Sidgwick & Jackson, 1993. p.176

https://studsterkel.wfmt.com/programs/hugh-carleton-greene-discusses-bbc p.181

Dominic Sandbrook, *White Heat*, London: Abacus, 2006. p.183

† 6章

https://www.thenorthernecho.co.uk/news/indepth/margaret_thatcher/life_in_pictures/ p.196

https://www.thenorthernecho.co.uk/news/indepth/margaret_thatcher/life_in_pictures/ p.199

Anthony Seldon & Peter Snowdon, *The Conservative Party*, Stroud: Sutton Pub., 2004. p.208

† 終章

Dominic Sandbrook, *White Heat*, London: Abacus, 2006. p.216

https://www.theguardian.com/world/2018/mar/11/battle-of-grosvenor-square-50-years-vietnam-protest-donald-macintyre p.221

主要図版出典一覧

† まえがき
Mirrorpix/AFLO　iii

† 1章
Frank Mort, *Capital Affairs*, New Haven & London: Yale UP., 2010.　p.21
Miriam Akhtar & Steve Humphries, *The Fifties and Sixties*, London: Boxtree, 2001.　p.22
https://www.solakzade.com/blog/2014/06/23/1960s-british-mods-style　p.23
https://beatniksubculture.weebly.com/signifiers.html　p.26
Brian Harrison, *Seeking a Role*, Oxford: Oxford UP., 2009.　p.27
The Beatles Anthology, San Francisco: Chronicle Books, 2000.　p.31
Richard Lester, *Boutique London*, Woodbridge: ACC Art Books, 2010.　p.43上
David Willis, *Switched On*, San Francisco: Weldonowen, 2017.　p.43下
Brian Masters, *The Swinging Sixties*, London: Constable, 1985.　p.44
Virginia Nicholson, *How Was It For You?*, London: Viking, 2019.　p.45
Newscom/AFLO　p.49
Interfoto/AFLO　p.51
David Bailey, *Bailey Exposed*, London: National Portrait Gallery, 2013.　p.55
Virginia Nicholson, *How Was It For You?*, London: Viking, 2019.　p.60
https://www.manchestertheatres.com/event/saturday-night-and-sunday-morning-(pg)　p.62
Shutterstock/AFLO　p.64上
Virginia Nicholson, *How Was It For You?*, London: Viking, 2019.　p.64右下
https://www.traileraddict.com/darling-1965/poster/1　p.64左下

† 2章
Mirrorpix/AFLO　p.79
The Beatles Anthology, San Francisco: Chronicle Books, 2000.　p.80上
Looking through You, London: Omnibus Press, 2015.　p.80下
The Beatles Anthology, San Francisco: Chronicle Books, 2000.　p.82
クラウス・フォアマン（斉藤早苗監修）『ザ・ビートルズ/リメンバー』プロデュース・センター出版局，2007年.　p.102

† 3章
https://alchetron.com/E-P-Thompson　p.117上
https://www.infobae.com/america/cultura-america/2018/05/19/como-pensaba-raymond-williams-el-intelectual-que-se-oponia-a-la-cultura-como-casa-de-te/　p.117中
https://ounews.co/arts-social-sciences/society-politics/sixty-years-ago-stuart-hall-arrives-to-renew-the-left/　p.117下
Dutch National Archives　p.127

1974
2月 総選挙で労働党が勝利（得票は保守党が上回る）. 10月 再度の総選挙で労働党が勝利. 〈音楽〉キング・クリムゾン『暗黒の世界』『レッド』

1975
2月 サッチャーが保守党党首に. 〈音楽〉レッド・ツェッペリン『フィジカル・グラフィッティ』. ピンク・フロイド『炎』. クイーン『オペラ座の夜』

1976
ロンドン・パンクの勃興. 〈音楽〉レッド・ツェッペリン『プレゼンス』

1977
7月「神への冒瀆」裁判で『ゲイ・ニューズ』に有罪判決. 〈音楽〉ピンク・フロイド『アニマルズ』. セックス・ピストルズ『勝手にしやがれ !!』. クラッシュ『白い暴動』. ストラングラーズ『ノー・モア・ヒーローズ』. ジャム『イン・ザ・シティ』

1978
7月 児童保護法. 9月「不満の冬」（～79年2月）. 〈音楽〉ジャム『オール・モッド・コンズ』

1979
5月 総選挙で保守党が勝利（サッチャーが首相に）. 〈音楽〉クラッシュ『ロンドン・コーリング』

ビイ・ロード』．レッド・ツェッペリン『レッド・ツェッペリン』『レッド・ツェッペリンII』．ストーンズ『レット・イット・ブリード』．キング・クリムゾン『クリムゾン・キングの宮殿』．イエス『イエス』．デイヴィス『イン・ア・サイレント・ウェイ』．ノーノ『マンズーのための音楽』．〈映画〉ローチ『ケス』．アッテンボロー『素晴らしき戦争』．〈演劇〉タイナン『オー！ カルカッタ！』

1970

4月 ビートルズ解散．5月 男女均等賃金法．6月 総選挙で保守党が勝利（サッチャーが教育相に）．8月 ワイト島フェスティヴァル．9月 ヘンドリクスが死亡．11月『サン』がヌード・ピンナップの掲載を開始．11月 フェミニスト活動家がミス・ワールド・コンテストで抗議．〈音楽〉ビートルズ『レット・イット・ビー』．レッド・ツェッペリン『レッド・ツェッペリンIII』．キング・クリムゾン『ポセイドンのめざめ』．ピンク・フロイド『原子心母』．デイヴィス『ビッチェズ・ブリュー』．シュトックハウゼン『マントラ』．カーゲル『エクゾティカ』．〈映画〉リーン『ライアンの娘』

1971

8月 ドル・ショック．9月 全国光の祭典のデモンストレーション．10月 移民法．〈音楽〉レッド・ツェッペリン『レッド・ツェッペリンIV』．エマーソン，レイク＆パーマー『タルカス』．フー『フーズ・ネクスト』．ストーンズ『スティッキー・フィンガーズ』．〈映画〉キューブリック『時計じかけのオレンジ』．ロージー『恋』

1972

1月 デリー（ロンドンデリー）で「血の日曜日」事件．3月 北アイルランド議会の停止．〈音楽〉イエス『こわれもの』『危機』．ストーンズ『メイン・ストリートのならず者』

1973

1月 イギリスがECに加盟．4月 サッチャーとホワイトハウスの初対面．10月 石油ショック．〈書籍〉ブリタン『資本主義と許容する社会』．〈音楽〉フー『四重人格』．レッド・ツェッペリン『聖なる館』．キング・クリムゾン『太陽と戦慄』．ピンク・フロイド『狂気』．クイーン『クイーン』．〈映画〉ローグ『赤い影』

テルナ』.〈映画〉ギルバート『アルフィー』. トリュフォー『華氏451』. ロージー『唇からナイフ』.〈テレビ〉ローチ『キャシー・カム・ホーム』

1967

「サマー・オヴ・ラヴ」. 6月 マッカートニー, LSD服用を認める. 6月 ジャガーとリチャーズに違法薬物所持で有罪判決. 7月『タイムズ』に大麻関連法の改正を求めるアピール. 7月 性犯罪法. 8月 ビートルズとマハリシの出会い. エプスタインが死亡. 10月 中絶法. 11月 ポンド切り下げ. 国民健康(家族計画)法.〈音楽〉ビートルズ『サージェント・ペパーズ』『マジカル・ミステリー・ツアー』. ストーンズ『ゼア・サタニック・マジェスティズ・リクエスト』. ヘンドリクス『アー・ユー・イクスピエリエンスト』. 武満『ノヴェンバー・ステップス』. シュトックハウゼン『ヒュムネン』. ライヒ『ピアノ・フェイズ』.〈映画〉アントニオーニ『欲望』. シュレシンジャー『遥か群衆を離れて』. ロージー『できごと』.〈演劇〉ストッパード『ローゼンクランツとギルデンスターンは死んだ』

1968

世界各地でヴェトナム反戦運動が激化. 2〜4月 ビートルズ, リシケシュのキャンプへ. 3月 イギリス連邦移民法. 3月 イギリス最大規模のヴェトナム反戦デモンストレーション. 3〜7月 パリ5月革命. 3〜8月「プラハの春」. 4月 キング牧師暗殺. 4月 パウエルの「血の川」演説. 10月 第二次人種関係法. 10月 レノンが大麻所持で逮捕.〈音楽〉ビートルズ『ザ・ビートルズ』(通称ホワイト・アルバム). ストーンズ『ベガーズ・バンケット』. クリーム『クリームの素晴らしき世界』. ベリオ『シンフォニア』. ツィンマーマン『ある若き詩人のためのレクイエム』. シュトックハウゼン『7つの日より』.〈映画〉アンダーソン『If もしも…』. キューブリック『2001年宇宙の旅』.〈演劇〉ラド&ラグニ『ヘアー』

1969

北アイルランド紛争の深刻化. 1月 ウットン委員会報告書公刊. 1月 ビートルズの「ルーフトップ・コンサート」. 3月 ハリスンが大麻所持で逮捕. 7月 アポロ11号が月面着陸. 7月 B・ジョーンズが変死. 8月 マンソン・ファミリーによる惨殺事件. 8月 ウッドストック・フェスティヴァル. 10月 改正離婚法. 11月 レノンがMBE勲章を返納. 12月 オルタモントの悲劇. 国民代表法・家族法改正法.〈書籍〉ファビアン&バーン『グルーピー』. ブッカー『新しがりやたち』.〈音楽〉フー『トミー』. ビートルズ『ア

サート．3月 モッズとロッカーズの衝突の開始．4月 ビートルズ，『ビルボード』のシングル・チャートの1～5位を独占．4月 バーミンガム大学現代文化研究センター設立．5月「ハビタ」開店．7月 アメリカで公民権法成立．9月 ビートルズ，ジャクソンヴィルでの演奏を拒否し観客の人種隔離を撤回させる．9月「ビバ」開店．10月 総選挙で労働党が勝利．〈書籍〉リアリー『チベットの死者の書』．〈音楽〉ビートルズ『ア・ハード・デイズ・ナイト』『ビートルズ・フォー・セール』．ストーンズ『ザ・ローリング・ストーンズ』．コルトレーン『至上の愛』．ライリー『In C』．〈映画〉ハミルトン『ゴールドフィンガー』．レスター『ア・ハード・デイズ・ナイト』

1965

1月 チャーチルの国葬．2月 アメリカ，北ヴェトナムへの「北爆」を開始．2月 マルコムX暗殺．6月 ロイアル・アルバート・ホールでビート詩の朗読会．7月『死がわれらを分かつまで』（パイロット版）放送．10月 ビートルズにMBE勲章．10月 メルボルン・カップにシュリンプトンが登場．11月 全国視聴者協会の設立．11月 死刑廃止法（69年恒久廃止）．〈書籍〉エイベル＝スミス＆タウンゼンド『貧困層と最貧困層』．ベイリー『ボックス・オヴ・ピンナップス』．ドラブル『碾臼』．フォースター『ジョージー・ガール』．〈音楽〉ビートルズ『ヘルプ！』『ラバー・ソウル』．フー『マイ・ジェネレーション』．シェーンベルク『モーゼとアロン』のイギリス初演．ツィンマーマン『兵士たち』．ベリオ『セクエンツァⅢ』．リゲティ『レクイエム』．ライヒ『イッツ・ゴナ・レイン』．〈映画〉ワイラー『コレクター』．シュレシンジャー『ダーリング』．レスター『ヘルプ！』『ナック』．フューリー『国際諜報局』．リット『寒い国から帰ったスパイ』．リーン『ドクトル・ジバゴ』

1966

3月 総選挙で労働党が勝利．3月 レノンの「僕らはキリストより人気《ポピュラー》がある」発言→8月 アメリカで抗議運動．4月『タイム』の「スウィンギング・ロンドン」特集．5月 中国で文化大革命の宣言．6月 クワントにOBE勲章．6月『死がわれらを分かつまで』連続放送開始．6～7月 ビートルズ，来日公演．7月 フィリピンでビートルズを標的とした暴動．7月 サッカー・ワールドカップでイングランドが優勝．8月 ビートルズ，最後のコンサート．〈書籍〉イングランド国教会『離れ離れに』．〈音楽〉ビートルズ『リヴォルヴァー』．シュトックハウゼン『テレムジーク』．リゲティ『ルクス・エ

イギリス1960年代 関連年表

1960

1月 グリーンがBBC会長に（〜69年3月）．1月『ニューレフト・レヴュー』創刊．9月 賭博法．10〜11月 チャタレー裁判．10月 労働党大会で一方的核武装解除の決議→翌年の党大会で撤回．12月『コロネーション・ストリート』放送開始．12月 徴兵制廃止．〈**書籍**〉トムスン編『新しい左翼』．〈**音楽**〉コールマン『フリー・ジャズ』．ペンデレツキ『ヒロシマの犠牲者に捧げる悲歌』．〈**映画**〉ライス『土曜の夜と日曜の朝』

1961

1月 ピルの販売開始．8月 ベルリンの壁の構築．8月 自殺法．酒類販売許可法．10月『プライヴェート・アイ』創刊．〈**書籍**〉クラーク『ロバたち』．ウィリアムズ『長い革命』．〈**音楽**〉リゲティ『アトモスフェール』．〈**映画**〉リチャードソン『蜜の味』

1962

7月 テルスター通信衛星の打ち上げ．10月 キューバ危機．10月 ビートルズ「ラヴ・ミー・ドゥ」でレコード・デビュー．〈**書籍**〉バージェス『時計じかけのオレンジ』．〈**音楽**〉ブリテン『戦争レクイエム』．〈**映画**〉リチャードソン『長距離ランナーの孤独』．ヤング『ドクター・ノオ』．リーン『アラビアのロレンス』

1963

3月 プロフューモの疑惑が議会でとりあげられる．8月『レディ・ステディ・ゴー！』放送開始．8月 ワシントン大行進（キング牧師の「私には夢がある」演説）．10月「ビートルマニア」現象の始まり．11月 ビートルズ，ロイアル・ヴァラエティ・ショーに出演．11月 ケネディ暗殺．〈**書籍**〉テイラー『挿絵入り第一次世界大戦史』．トムスン『イングランド労働者階級の形成』．ロビンソン『神への誠実』．ル・カレ『寒い国から帰ってきたスパイ』．マードック『ユニコーン』．〈**音楽**〉ビートルズ『プリーズ・プリーズ・ミー』『ウィズ・ザ・ビートルズ』．メシアン『7つの俳諧』．〈**映画**〉アンダーソン『孤独の報酬』．シュレシンジャー『ビリー・ライアー』．ヤング『ロシアより愛をこめて』．〈**演劇**〉リトルウッド『素晴らしき戦争』

1964

1月『トップ・オヴ・ザ・ポップス』放送開始．1月 テレビ浄化運動の開始．2月 ビートルズ，初のアメリカ・ツアー．3月 グールド，最後のコン

イギリス1960年代 関連年表

1955

5月 総選挙で保守党が勝利. 11月「バザー」開店. 〈音楽〉ヘイリー&コメッツ「ロック・アラウンド・ザ・クロック」. ブーレーズ『主なき槌』. 〈映画〉ブルックス『暴力教室』

1956

2月 フルシチョフのスターリン批判. 7月『リーズナー』創刊. 8月「これが明日だ」展. 10〜11月 ハンガリー動乱. 10〜11月 スエズ戦争. 〈書籍〉クロスランド『社会主義の将来』. 〈演劇〉オズボーン『怒りを込めて振り返れ』

1957

1月『ユニヴァーシティズ・アンド・レフト・レヴュー』創刊. 1月 マクミラン政権成立. 5月 イギリス初の水爆実験. 7月 マクミランの「こんなによい時代はなかった」演説. 9月『ニュー・リーズナー』創刊. 9月 ウルフェンデン報告書公表. 〈映画〉リーン『戦場にかける橋』

1958

2月 CND発足. 8〜9月 ノッティングヒル暴動. 〈書籍〉ガルブレイス『ゆたかな社会』. ウィリアムズ『文化と社会』. シリトー『土曜の夜と日曜の朝』. 〈音楽〉シュトックハウゼン『グルッペン』. メシアン『鳥のカタログ』

1959

オースティン・セヴンおよびモーリス・ミニ・マイナー販売開始. 7月 猥褻出版法. 10月 総選挙で保守党が勝利（サッチャーが初当選）. 〈書籍〉シリトー『長距離走者の孤独』. マッキネス『アブソルート・ビギナーズ』. 〈音楽〉コールマン『ジャズ来るべきもの』. デイヴィス『カインド・オヴ・ブルー』. 〈映画〉クレイトン『年上の女』. リチャードソン『怒りを込めて振り返れ』. アンダーソン&ライス『オルダーマストンへの行進』. 〈演劇〉ピンター『管理人』

小関 隆（こせき・たかし）

1960（昭和35）年東京都生まれ．84年一橋大学社会学部卒業，88年バーミンガム大学歴史学修士，91年一橋大学大学院社会学研究科博士課程単位取得退学．東京農工大学，津田塾大学助教授を経て，2003年京都大学人文科学研究所助教授・准教授．博士（社会学）．15年より京都大学人文科学研究所教授．専攻，イギリス・アイルランド近現代史．

著書『一八四八年――チャーティズムとアイルランド・ナショナリズム』（未來社，1993年）
『世紀転換期イギリスの人びと――アソシエイションとシティズンシップ』（人文書院，2000年）
『プリムローズ・リーグの時代――世紀転換期イギリスの保守主義』（岩波書店，2006年）
『近代都市とアソシエイション』（山川出版社，2008年）
『徴兵制と良心的兵役拒否――イギリスの第一次世界大戦経験』（人文書院，2010年）
『アイルランド革命1913-23――第一次世界大戦と二つの国家の誕生』（岩波書店，2018年）

イギリス1960年代《ねんだい》
中公新書 *2643*

2021年5月25日発行

著 者 小関 隆
発行者 松田陽三

本文印刷 暁印刷
カバー印刷 大熊整美堂
製 本 小泉製本

発行所 中央公論新社
〒100-8152
東京都千代田区大手町1-7-1
電話 販売 03-5299-1730
編集 03-5299-1830
URL http://www.chuko.co.jp/

Published by CHUOKORON-SHINSHA, INC.
Printed in Japan ISBN978-4-12-102643-9 C1222

中公新書刊行のことば

いまからちょうど五世紀まえ、グーテンベルクが近代印刷術を発明したとき、書物の大量生産は潜在的可能性を獲得し、いまからちょうど一世紀まえ、世界のおもな文明国で義務教育制度が採用されたとき、書物の大量需要の潜在性が形成された。この二つの潜在性がはげしく現実化したのが現代である。

いまや、書物によって視野を拡大し、変りゆく世界に豊かに対応しようとする強い要求を私たちは抑えることができない。この要求にこたえる義務を、今日の書物は背負っている。だが、その義務は、たんに専門的知識の通俗化をはかることによって果たされるものでもなく、通俗的好奇心にうったえて、いたずらに発行部数の巨大さを誇ることによって果たされるものでもない。現代を真摯に生きようとする読者に、真に知るに価いする知識だけを選びだして提供すること、これが中公新書の最大の目標である。

私たちは、知識として錯覚しているものによってしばしば動かされ、裏切られる。私たちは、作為によってあたえられた知識のうえに生きることがあまりに多く、ゆるぎない事実を通して思索することがあまりにすくない。中公新書が、その一貫した特色として自らに課すものは、この事実のみの持つ無条件の説得力を発揮させることである。現代にあらたな意味を投げかけるべく待機している過去の歴史的事実もまた、中公新書によって数多く発掘されるであろう。

中公新書は、現代を自らの眼で見つめようとする、逞しい知的な読者の活力となることを欲している。

一九六二年一一月

中公新書

世界史

e2

- 2253 禁欲のヨーロッパ　佐藤彰一
- 2409 贖罪のヨーロッパ　佐藤彰一
- 2467 剣と清貧のヨーロッパ　佐藤彰一
- 2516 宣教のヨーロッパ　佐藤彰一
- 2567 歴史探究のヨーロッパ　佐藤彰一
- 1045 物語 イタリアの歴史　藤沢道郎
- 1771 物語 イタリアの歴史 II　藤沢道郎
- 2508 貨幣が語る ローマ帝国史　比佐 篤
- 2413 ガリバルディ　藤澤房俊
- 2595 ビザンツ帝国　中谷功治
- 2152 物語 近現代ギリシャの歴史　村田奈々子
- 2440 バルカン―「ヨーロッパの火薬庫」の歴史　M・マゾワー 井上廣美訳
- 1635 物語 スペインの歴史　岩根圀和
- 1750 物語 スペインの歴史 人物篇　岩根圀和
- 1564 物語 カタルーニャの歴史（増補版）　田澤 耕
- 2582 百年戦争　佐藤 猛
- 1963 物語 フランス革命　安達正勝
- 2286 マリー・アントワネット　安達正勝
- 2466 ナポレオン時代　A・ホーン 大久保庸子訳
- 2529 ナポレオン四代　野村啓介
- 2318 2319 物語 イギリスの歴史（上下）　君塚直隆
- 2167 イギリス帝国の歴史　秋田 茂
- 1916 ヴィクトリア女王　君塚直隆
- 1215 物語 アイルランドの歴史　波多野裕造
- 1420 物語 ドイツの歴史　阿部謹也
- 2304 ビスマルク　飯田洋介
- 2490 ヴィルヘルム2世　竹中 亨
- 2583 鉄道のドイツ史　鴋澤 歩
- 2546 物語 オーストリアの歴史　山之内克子
- 2434 物語 オランダの歴史　桜田美津夫
- 2279 物語 ベルギーの歴史　松尾秀哉
- 1838 物語 チェコの歴史　薩摩秀登
- 2445 物語 ポーランドの歴史　渡辺克義
- 1131 物語 北欧の歴史　武田龍夫
- 2456 物語 フィンランドの歴史　石野裕子
- 1758 物語 バルト三国の歴史　志摩園子
- 1655 物語 ウクライナの歴史　黒川祐次
- 1042 物語 アメリカの歴史　猿谷 要
- 2209 アメリカ黒人の歴史　上杉 忍
- 2623 古代マヤ文明　鈴木真太郎
- 1437 物語 ラテン・アメリカの歴史　増田義郎
- 1935 物語 メキシコの歴史　大垣貴志郎
- 1547 物語 オーストラリアの歴史　竹田いさみ
- 2545 物語 ナイジェリアの歴史　島田周平
- 1644 ハワイの歴史と文化　矢口祐人
- 2561 キリスト教と死　指 昭博
- 2442 海賊の世界史　桃井治郎
- 518 刑吏の社会史　阿部謹也

中公新書

現代史

f2

2570 佐藤栄作　村井良太
2186 田中角栄　早野　透
1976 大平正芳　福永文夫
2351 中曽根康弘　服部龍二
2512 高坂正堯―戦後日本と現実主義　服部龍二
1574 海の友情　阿川尚之
1875 「国語」の近代史　安田敏朗
2075 歌う国民　渡辺　裕
2332 「歴史認識」とは何か　大沼保昭　江川紹子
1804 戦後和解　小菅信子
2406 毛沢東の対日戦犯裁判　大澤武司
1900 「慰安婦」問題とは何だったのか　大沼保昭
2624 「徴用工」問題とは何か　波多野澄雄
2359 竹島―もうひとつの日韓関係史　池内　敏
1820 丸山眞男の時代　竹内　洋
2237 四大公害病　政野淳子
1821 安田講堂 1968-1969　島　泰三
2110 日中国交正常化　服部龍二
2150 近現代日本史と歴史学　成田龍一
2196 大原孫三郎―善意と戦略の経営者　兼田麗子
2317 歴史と私　伊藤　隆
2301 核と日本人　山本昭宏
2627 戦後民主主義　山本昭宏
2342 沖縄現代史　櫻澤　誠
2543 日米地位協定　山本章子

中公新書

現代史

f3

- 2590 人類と病 詫摩佳代
- 2451 トラクターの世界史 藤原辰史
- 2368 第一次世界大戦史 飯倉　章
- 27 ワイマル共和国 林　健太郎
- 478 アドルフ・ヒトラー 村瀬興雄
- 2553 ヒトラーの時代 池内　紀
- 2272 ヒトラー演説 高田博行
- 1943 ホロコースト 芝　健介
- 2349 ヒトラーに抵抗した人々 對馬達雄
- 2610 ヒトラーの脱走兵 對馬達雄
- 2448 闘う文豪とナチス・ドイツ 池内　紀
- 2329 ナチスの戦争 1918-1949 R・ベッセル 大山　晶訳
- 2313 ニュルンベルク裁判 A・ヴァインケ 板橋拓己訳
- 2266 アデナウアー 板橋拓己
- 2615 物語 東ドイツの歴史 河合信晴

- 2274 スターリン 横手慎二
- 530 チャーチル（増補版） 河合秀和
- 2578 エリザベス女王 君塚直隆
- 1415 フランス現代史 渡邊啓貴
- 2356 イタリア現代史 伊藤　武
- 2221 バチカン近現代史 松本佐保
- 2538 アジア近現代史 岩崎育夫
- 2586 東アジアの論理 岡本隆司
- 2437 中国ナショナリズム 小野寺史郎
- 2600 孫基禎《ソン・ギジョン》―帝国日本の朝鮮人メダリスト 金　誠
- 2034 感染症の中国史 飯島　渉
- 1959 韓国現代史 木村　幹
- 2262 先進国・韓国の憂鬱 大西　裕
- 2602 韓国社会の現在 春木育美
- 1876 インドネシア 水本達也
- 2596 インドネシア大虐殺 倉沢愛子
- 1596 ベトナム戦争 松岡　完

- 2330 チェ・ゲバラ 伊高浩昭
- 1664 1665 アメリカの20世紀（上下） 有賀夏紀
- 2626 フランクリン・ローズヴェルト 佐藤千登勢
- 1920 ケネディ―「神話」と実像 土田　宏
- 2383 ビル・クリントン 西川　賢
- 2527 大統領とハリウッド 村田晃嗣
- 2479 スポーツ国家アメリカ 鈴木　透
- 2540 食の実験場アメリカ 鈴木　透
- 2504 アメリカとヨーロッパ 渡邊啓貴
- 2415 トルコ現代史 今井宏平
- 2163 人種とスポーツ 川島浩平
- 2643 イギリス1960年代 小関　隆